KB157037

보험으로
짠테크하라

Copyright ⓒ 2016, 김승동 · 임성기
이 책은 한국경제신문 한경BP가 발행한 것으로
본사의 허락 없이 이 책의 일부 또는 전체를 복사하거나 전재하는 행위를 금합니다.

알면 **보험**, 모르면 **모험**

보험으로
짠테크하라

김승동 · 임성기 지음

한국경제신문

우리가 태어나기 전부터 가입하는 금융 상품이 있다. 바로 보험이다. 보험은 적립식펀드는 물론 ELS 등의 투자 상품보다 대중적이다. 한마디로 보험에 가입하지 않은 가구는 거의 없다는 의미다. 그러나 보험은 그 어떤 금융 상품보다 더 복잡하며 어렵다. 보험에 가입하고도 어떤 때에 어떻게 보장을 받는지 속속들이 알고 있는 사람은 드물다.

약관을 좀 살펴보려고 노력해본 사람은 대부분의 보험설계사들도 약관을 제대로 해석하지 못하리란 사실을 깨닫게 된다. 금융 용어는 물론 의학이나 법률 용어까지 파악해야 약관의 그 의미를 제대로 해석할 수 있기 때문이다. 약관만큼이나 보험 상품의 구조도 복잡해 소비자는 보험설계사가 추천하는 상품에 어쩔 수 없이 가입하는 게 현실이다. 보험설계사 역시 마찬가지다. 대다수 보험설계사는 회사에서 추천하는 메뉴대로 밥상을 차려놓고선 그럴듯해 보이나 실제로 맛있는지 어떤지 모를 그 밥상 앞에 무작정 고객을 앉힐 뿐이다. 한마디로 보험을 파는 사람도 보험에 가입하는 사람도 상품을 정확하게 파악하지 못하는 것이다.

보험설계사들은 다짜고짜 과거 가입했던 보험보다 더 좋은 보험이 있다고 설득한다. 상품 분석에 대한 정보가 없는 소비자는 좋다고 추천하는 상품 앞에서 마냥 찜찜한 기분에 휩싸이다가 결국 청약서에 자필서명하고 만다. 서명하면 끝이다. 3개월 안에는 청약철회 및 품질보증 등의 이유로 해지할 수도 있다. 하지만 보험설계사와의 관계 때문에 필요 없는 상품이라 해도 일단 가입하고 나면 해지하기가 쉽지 않다. 결국 과거 상품보다 납입하는 보험료는 조금 변경되었지만 보장 범위와 보장금액이 더 합리적이 되었다는 보험설계사의 말을 믿을 수밖에 없다.

그러나 안타깝게도 믿음은 얼마 가지 못한다. 다른 보험설계사가 방문해 이미 가입했던 보험증권을 분석하면 여지없이 기존에 가입했던 상품의 문제점이 드러난다. 과거 가입했던 상품은 최악의 상품이 된다. 그렇게 기존에 가입했던 보험을 깨고 다시 가입하기를 반복하는 것이다. 또 가입 당시엔 거의 모든 질병이 보장된다는 보험설계사의 설명을 믿고 가입하지만 막상 보험금을 청구하면 약관에 명시되어 있듯 하필이면 해당 질병은 보장 제외라는 대답이 돌아온다. 믿는 보험에 발등 찍히는 것이다.

　보험은 예기치 못한 인생 위험으로 인한 재정적인 피해에 대비하고자 가입하는 금융 상품이다. 특히 발생 확률은 희박하지만 한 번 발생하면 큰 피해가 뒤따르는 사건에 대비하기 위한 것이 주목적이다. 재정적으로 피해가 적은 사건은 굳이 보험이 아니라도 모아둔 자금으로 해결이 가능하다. 보험의 진정한 가입 목적은 가장의 조기 사망, 고액의 치료비가 발생하는 암 등 치명적 질병에 대한 대비 등이다. 감기 등의 소소한 질병 등 보장금액이 적은 보험은 굳이 가입할 필요가 없을 수도 있다.

　보험소비자 대부분은 발생 확률은 희박하지만 고액의 보장금액을 주는 보험보다 발생 확률은 다소 높지만 소액의 보장금액을 주는 보험에 많이 가입되어 있다. 보험설계사가 추천하는데 막연히 거절하기는 어렵고 그렇다고 고액 보험에 가입하기는 부담스럽기 때문에 비교적 저렴한 상품에 가입하면서 빚어지는 문제다. 저렴한 보험 여러 개에 가입하는 것도 결국 문제가 된다. 암이나 심장마비, 뇌출혈 등 치명적인 질병은 보장이 안 되고 사소한 질병만 보장받을 수 있기 때문이다.

여러분은 혹시 이 사실을 알고 있는가? 가장 비싼 보험 중 하나인 종신보험이 상품에 따라 가격 차이가 무려 50% 이상이나 난다는 사실을. 보장금액이 차이가 나니까? 아니다. 보장금액이 같은데도 그 정도 차이가 난다. 같은 금액의 사망보험금을 보장받기 위해 어떤 사람은 20만 원을 내고 또 어떤 사람은 30만 원을 납입하고 있다.

만일 여러분이 30만 원짜리 옷을 기분 좋게 구입했다고 해보자. 그러다 얼마 후 다른 옷가게에서 똑같은 브랜드, 똑같은 디자인, 똑같은 소재의 옷을 발견하곤 가격을 물었더니 20만 원이란 대답을 듣게 된 것이다. 10만 원을 그냥 버린 꼴이니 얼마나 속이 상하겠는가.

보험의 경우 잘못 가입하면 그 10만 원을 몇 십 년 동안 매달 지출할 수도 있으니, 그야말로 '헌납'이 따로 없다. 합리적인 사람이라면 당연히 저렴한 상품을 선택할 것이다. 그러나 정보의 비대칭으로 인해 소비자는 본인이 비싼 보험에 가입했는지, 합리적인 보험료를 납입하는지 쉬이 파악할 수 없는 게 현실이다.

명심하자. 가장 비싼 보험과 가장 저렴한 보험 간 가입 비용이 무려 1억 원 이상 차이가 날 수 있다는 것을. 정말 잘 모르고 가입한다면 1억 원이라는 내 소중한 돈을 보험사에 그냥 헌납할 수도 있다.

그러므로 '알면 보험'이지만 '모르면 모험'이다. 손해를 입기 쉬운 모험에 빠지지 않고, 여러분들이 보험에 제대로 가입하도록 그리고 이미 가입한 보험을 십분 활용할 수 있도록 도움을 드리고자 이 책을 쓰게 되었다. 마지막으로 이 책이 나오기까지 애써주시고 또 곁에서 응원의 박수를 보내주신 많은 분들께 감사의 말씀을 전한다.

2016년 3월
김승동 · 임성기

| 차례 |

당신의 걱정을 삽니다

사람들은 참 많은 걱정을 하고 산다. 그리고 자본주의는 돈을 벌 수 있는 것이라면 뭐든지 판다. 물론 자본주의에서는 사람들의 걱정을 줄여주기 위한 상품도 판매하고 있다. 그 상품이란 바로 '보험'이다.

지금까지 사람들은 걱정을 내다 파는 대신 보험을 비싼 가격에 구매했다. 즉 보험소비자는 돈·건강·죽음·가족·사고 등에 대한 잠재적이고 재정적인 위험을 보험사에 떠넘기기 위해 보험에 가입했다. 보험사는 대신 향후 발생할지 모를 위험에 대한 재정적 서비스를 제공하는 계약을 체결했다.

사람의 미래는 알 수 없다. 내일 아침 출근 중에 교통사고를 당해 병원 신세를 질 수도 있다. 스스로 자각하지 못하는 사이 몸속에

서 암이 진행되고 있을 수도 있고, 어느 날 갑자기 가족에게 끔찍하고 좋지 않은 일이 해일처럼 닥칠지 모른다. 그리고 미래에 충분한 돈이 없어 힘겨운 고생을 겪거나 난처한 상황에 빠질 수도 있다. 이처럼 우리는 미래에 대해 알 수 없기에 늘 막연한 불안감을 가지고 산다.

보험사들은 사람들의 이런 걱정을 산다. 그리고 만약 좋지 않은 일이 벌어지면 발생하는 비용을 대신 해결해준다. 사고나 질병, 사망 등 본인과 가족에게 노출될 수 있는 위험은 보험사도 막을 수 없다. 우연한 확률로 발생하는 것이기 때문이다. 그러나 이런 위험이 발생하게 되면 보험사는 재정적으로 감당해야 할 것들을 책임진다. 보험소비자는 걱정을 떠넘기고 보험을 가입한 대신, 진짜 걱정해야 할 일이 발생하면 최소한 재정적인 걱정만은 덜어낼 수 있다.

우리가 흔히 하는 걱정이란 돈과 건강, 죽음, 가족 등에 대한 것이다. 그러나 너무 걱정하지 마시라. 고객의 이런 걱정들을 덜어주기 위해 보험사는 관련 상품들을 모두 구비해놓고 있으니 말이다. 우리는 보험사에 걱정을 팔고 꼭 필요한 보험 상품을 잘 골라 사면 된다.

그런데 보험을 사는 과정에서 작지 않은 문제가 발생한다. 그 많은 보험 상품을 어떻게 다 파악할 것이며, 또 그중에 자신에게 꼭 필요한 상품을 어떻게 잘 골라서 가입할 것인가. 고객 입장에선 보험 상품도 다양할뿐더러 보험 상품 구조 자체가 워낙 복잡하게 느껴지다 보니, 사실 어떤 상품이 좋은 상품이고 또 어떤 상품이 그렇지 않은 상품인지 파악하기가 쉽지 않다.

어딜 가나 맛집을 찾는 방법 중 가장 쉬운 것은 바로 가장 붐비는 식당이 어디인지 확인하는 것이다. 손님이 많은 음식점이 음식 맛도 괜찮을 것이라는 인식이 자리 잡고 있기 때문이다. 이와 마찬가지로 보험산업도 지금까지 규모의 경쟁만 지속해온 면이 없지 않다. 판매 조직, 즉 보험사의 인지도와 보유 설계사 숫자 등에 따라서 보험사의 영업실적 차이가 갈렸다. 인지도가 높고 설계사를 많이 보유한 보험사는 갈수록 더 많은 보험을 팔아 더 유명해지고, 인지도와 설계사를 보유하지 못한 보험사는 갈수록 더 인식 속에서 사라진 것이다.

그러나 이제 주목하자. 보험산업 자체가 송두리째 변모할 조짐

이 보이고 있다. 보험 상품은 고객의 생애재무설계가 가능해야 판매가 가능한 고액 보험 상품과 단순하고 저렴한 온라인 상품으로 이분화될 전망이다. 여기서 '생애재무설계'란 고객의 전 생애에 걸쳐 질병 사고 등 위험에 대비하는 것은 물론 학업, 결혼 주택 마련, 노후 생활 등 금전적 지출이 많은 경우까지 고려해 저축 및 투자, 지출 계획을 세우는 걸 말한다. 이런 복잡한 상품에 대한 설계는 이제 그야말로 설계사에게 맡기고, 이보다 단순하고 개별적인 위험 보장 상품은 고객 본인이 직접 온라인 등에서 가입하는 분위기가 조성될 것이라는 얘기다.

보험 상품이란 게 언뜻 보면 매우 복잡해 보인다. 그러나 조금만 자세히 들여다보면 스스로 얼마든지 상품 간 비교가 가능하다. 보험 관련 뉴스를 보면 여러 보험사에서 신상품을 자주 출시하고 있는 것처럼 보이지만, 업계에 몸담은 전문가의 시각에서 보자면 상품 구조 자체가 다른 신상품은 거의 찾아볼 수 없다. 가령 종신보험만 보더라도 A보험사든 B보험사든 그 상품명만 다를 뿐 기본 구조는 완벽하게 같다고 볼 수 있다.

특히 온라인 상품의 경우 소비자 이해도를 높이기 위해 보험사들은 최대한 단순화한 상품을 내놓는 추세다. 또한 온라인 보험 비교 사이트 〈보험다모아〉 같은 곳이 생겨나 소비자들은 이제 여러 보험 상품을 한눈에 비교할 수 있기도 하다. 조금만 관심을 기울이면 그리 많은 공을 들이지 않아도 유익한 정보를 얻을 수 있다.

미국의 애플이 아이폰으로 스마트 시대를 연 뒤, 세상은 급격한 변화를 맞고 있다. 관련 스마트 디바이스를 통한 획기적인 아이디어들이 하루가 멀다 하고 쏟아지고 있다. 금융업 중에서 가장 변화가 더딘 산업이라 할 수 있는 이 보험산업에도 스마트 시대에 걸맞는 변화가 곧 닥칠 기세다. 이러한 시대가 가속화될수록 정보는 넘쳐나고 금세 바뀌기 때문에 여러분이 평소 더 '똑똑하고 알뜰하게' 관련 정보를 챙기고 살피지 않으면 필시 손해를 보기 마련이다.

보험 가입도 마찬가지다. 모험에 빠지지 않고 좋은 선택을 하기 위해선 제대로 정보를 알아야 하는 것은 물론이다. 이를 통해 이른바 '짠테크'도 가능해진다. 짠테크는 '짠돌이'와 '재테크'의 합성어로 신개념의 절약 재테크를 의미하는 말이다. 보험을 통한 짠테크도 얼마든지 가능하다. 필요에 의해 또는 의무적으로 반드시 들어야 하는 보험을 꼼꼼히 잘 비교하고 가입하면 부담하지 않아도 될 손해를 크게 줄일 수 있다. 또한 어려운 시기나 급전 필요 시 이미 가입한 보험을 해지하지 않고 유지하면서 돈을 빌려 쓰거나 보험료를 줄이는 방법도 있다. 게다가 이 저금리 시대 은행 적금보다 이자를 더 주는 저축보험 상품도 있다.

본론에 들어가기 앞서, 먼저 보험에 제대로 가입하기 위해 기본적으로 알아둬야 할 내용을 대략적으로 정리해보고자 한다. 본문에서 다시 언급되는 내용이니 머릿속에 큰 그림을 그리며 부담 없이 읽어 내려가도록 하자.

가장 많이 하는 첫 번째 걱정: 돈

살면서 가장 많이 하는 걱정은 바로 돈 걱정이다. 사람들의 이런 걱정을 사기 위해 보험사들은 저축보험, 변액유니버셜보험, 연금보험 등의 저축성보험 상품을 팔고 있다.

저축보험은 저축을 통해 향후 돈 없이 살아야 하는 걱정을 덜어주는 상품이다. 저축은 은행 적금을 통해 하는 것이 일반적이나 저축보험은 은행 적금에 비해 장점이 몇 가지가 있다.

첫째, 이율이 높다. 보험 상품은 일반적으로 은행 적금보다 1~1.5% 높은 금리를 책정한다. 보험에선 이 금리 등을 반영해 산출한 공시이율이란 것이 있는데, 은행 적금보다 공시이율이 높기 때문에 장기 투자할수록 더 많은 돈을 모을 수 있다.

둘째, 세금이 없다. 보험은 10년 이상 유지할 경우 수익에 대해 비과세 혜택이 제공된다. 즉 한 푼의 세금도 내지 않는다. 반면 적금의 경우 1백만 원의 이자가 발생하면, 이 이자 중 15.4%를 세금으로 뗀다. 결국 실제로 받는 돈은 84만 6천 원에 불과하다.

셋째, 사고나 질병 보장도 가능하다. 저축보험은 저축이 기본이다. 다른 보험보다 사고나 질병에 대한 보장금액이 적다. 그래도 어느 정도 보완이 가능하다. 즉 적금은 납입하는 금액에 따라 원금과 이자가 지속적으로 쌓인다. 저축보험은 적금처럼 납입금액에 따라 일정 액수가 지속적으로 쌓이는 것은 물론, 사고가 발생하면 목돈이 지급된다. 따라서 저축한 금액을 깨지 않고도 문제 해결이 가능하다.

유니버셜보험은 특정한 상품이 아니다. '유니버셜'이라는 기능이 부여된 보험이다. 유니버셜이란 보험 기간 동안 만기까지 소비자가 원하는 시점에 돈을 넣을 수 있는 것은 물론, 납입 중단, 중도인출 등으로 납입한 보험료 내에서 자유롭게 돈을 꺼내 쓸 수 있는 것을 말한다. 다시 말해 죽을 때까지 유지해야 하는 종신보험이나 연금보험에 유니버셜 기능이 붙으면 만기 없이 평생 자유자재로 돈을 넣었다 뺐다 할 수 있다. 그래서 유니버셜보험 가입자는 돈이 많을 때는 더 모을 수 있고, 급전이 필요할 때는 은행 통장처럼 빼서 쓸 수 있다. 돈 걱정을 줄여주는 최고 상품 중 하나다.

변액보험도 유니버셜보험처럼 특정한 상품이 아닌 일종의 기능이다. 일반적인 저축성보험은 공시이율로 이율이 부리된다. 다시 말해 은행의 적금처럼 매달 적용된 이율에 따라 적립금이 쌓인다. 그러나 일정한 이율이 아닌 변액보험은 주식이나 채권 등에 투자해 실제 수익률에 따라 적립금에 배당한다. 이를 '실적배당'이라 부른다.

변액보험이 도입된 이유는 지속적으로 금리가 낮아지고 있기 때문이다. 공시이율은 일반적으로 은행 적금 금리보다 1.0%에서 2.0% 정도 높은 이율을 적용한다. 은행 적금 금리보다 높은 공시이율이라 해도 시장 금리가 지속적으로 낮아지고 있다. 낮은 공시이율을 적용하는 상품으로는 아무리 돈을 모아도 부를 축적할 수가 없다. 따라서 보험사들은 일반적인 보험에 변액 기능을 도입하고 주식이나 채권 등 유가증권에 투자해 장기 투자할수록 더 많은 부를 추적할 수 있도록 물가상승률 2~3배 이상의 수익을 추구한다.

변액 기능과 유니버셜 기능은 상품명에도 붙는 중요한 기능이다. 예를 들어 종신보험은 변액종신보험, 유니버셜종신보험, 변액유니버셜종신보험 등 변액 기능과 유니버셜 기능 모두가 부가된 상품도 있고 전혀 부가되지 않은 상품도 있다. 기능이 많이 붙으면 그만큼 다양한 특징을 보인다. 그러나 비빔밥에 고추장 대신 케첩을 넣는다면 한국 사람 대부분은 굉장히 이질적인 맛을 느낄 것이다. 가입자의 상황에 따라 그 기능들이 조화롭게 부가된 상품인지 꼼꼼히 확인해야 한다.

연금보험은 돈 없는 노후 걱정을 해결한다. 예전에는 '인생은 짧고 예술은 길다' 라고 했다면 현재는 '인생도 길고 예술도 길다' 고 말할 수 있을 정도로 수명이 늘어났다. 50년 전인 1960년대까지만 해도 평균수명은 60세가 되지 않았다. 그러나 2년마다 0.5세 정도가 증가해 50여 년 만에 평균수명이 그보다 약 25년이나 증가했다. 현재 3040 청장년들은 100세까지 생존할 것을 염두에 두고 살아야 한다.

길어진 노후에 돈이 없다면, 해외여행 중에 지갑을 잃어버린 것과도 같다. 말도 통하지 않고 도와줄 사람도 없다. 그렇게 여생을 살아야 한다. 비참한 인생이 기다리고 있는 것이다. 연금보험으로 젊은 시절 소득의 일부를 노후 자금으로 돌려야 한다. 젊은 시절의 내가 노후의 나에게 월급을 주는 것이다. 물론 보험사는 젊은 시절 내가 납입한 돈을 더 불려서 노후의 나에게 돌려줄 것이다.

일시납즉시연금보험은 한 번에 목돈을 납입하면 납입한 다음 달부터 연금을 수령할 수 있는 보험이다. 어느 정도 목돈을 마련했으나 미처 노후 준비를 하지 못한 50대 이상의 자영업자나 사업가가 가입한다. 개인당 2억 원까지 비과세 혜택이 주어지며, 만약 부부가 각각 2억 원씩 가입하면 총 4억 원 이하로 비과세 혜택을 적용받는다. 기본적으로 납입한 다음 달부터 연금을 받을 수 있지만 일시적으로 거치도 가능하다.

연금 개시가 시작되면 공시이율로 부리되는 연금보험과 동일한 조건으로 연금을 받을 수 있다. 최근에는 변액보험 형태의 일시납즉시연금보험도 개발 및 판매되고 있지만 일부 보험사에 국한된다.

연금저축보험은 비과세 혜택이 없다. 노후를 준비한다는 목적은 동일하지만 세제 혜택과 관련해 연금보험과 근본적으로 다른 상품이다. 연금보험은 10년 이상 유지하면 비과세 혜택이 주어지지만, 연금저축보험 10년 이상 유지한 후 연금을 받아도 세금을 내야 한다. 대신 납입 기간 동안 연 4백만 원 한도에서 지방소득세 포함 최대 16.5%의 세액공제 혜택이 주어진다.

또한 연금저축보험은 신탁과 펀드 등으로 구분하며 보험사는 물론 은행과 증권사에서도 가입할 수 있다. 연금저축신탁과 연금저축펀드 모두 연금저축보험처럼 납입 기간 동안 연 4백만 원 한도에서 최대 16.5% 세액공제 혜택이 주어진다는 것은 동일하다. 다만 각각 상품의 특성상 기대수익률과 원금 보장 추구 등이 다르다. 특히 생명보험사에서 가입 가능한 연금저축보험은 생존율을 반영해 종신토록 연금을 받을 수 있다는 차별점이 있다.

연금저축보험은 전체 연금저축 상품 중 70% 이상을 차지하며, 가입 초기에 해지하면 원금 손실을 볼 위험이 있지만 장기 투자 목적에 맞게 안정적이면서 높은 수익을 낼 수 있다. 연금저축신탁은 원금은 무조건 지킬 수 있지만 금리가 매우 낮다. 장기 투자해도 물가상승률 이상의 수익을 내지 못할 확률이 높다. 또한 연금저축펀드는 가장 높은 수익을 기대할 수 있는 반면 원금 손실 위험도 가장 크다. 무조건 수익이 난다면 좋겠지만 주식 등 유가증권은 가치가 수시로 변하기 때문에 손실이 발생하면 노후 자금에 큰 문제가 발생할 수도 있다.

가장 많이 하는 두 번째 걱정: 건강

건강 걱정도 **빼놓을** 수 없다. 다치거나 아프면 병원을 찾는다. 심지어 아직 한창인 나이에 쓰러져 눈을 감기도 한다. 가족 중 한 명이라도 아프면 남은 가족은 걱정이 쌓인다.

실손의료보험은 이미 3천만 명 이상이 가입한 상품으로 제2의국민건강보험이라는 의미로 민영건강보험이라고도 불린다. 사고나 질병으로 인해 의료비가 발생하면 1년에 5천만 원 내에서 실제 지출한 액수만큼 병원비를 보장한다. 다만 10% 또는 20% 등 소액의 자기부담금이 있으며, 통원치료의 경우 1년에 180회까지만 보장하고 치료가 아닌 미용이나 건강관리 등으로 발생한 의료비는 보장하지 않는다.

암 등 고액의 치료비가 발생하는 질병을 제외하면 일상생활에서 노출될 수 있는 사고와 질병은 실손의료보험으로 거의 해결이 가능하다. 또 자기부담금도 2백만 원을 초과하면, 그 이후 의료비는 자기부담금 없이 보장된다. 과거 실손의료보험은 자기부담금이 0%인 상품도 있었지만 의료시설 및 의약품 남용 등의 이유로 자기부담금 등이 점차 높아지는 추세다.

암보험은 암으로 발생하는 치료비와 입원비, 수술비 등을 보장한다. 진단금형과 종합형으로 나눌 수 있는데, 진단금형은 암 확진 판정 시 고액의 자금을 일시에 지급한다. 종합형은 진단금을 제공하는 것은 물론 입원비와 수술비 등을 종합적으로 보장한다.

과거 암보험은 어떤 암이든 일단 암으로 확진 판정을 받으면 고액을 보장했다. 하지만 최근 암보험은 의료비가 많이 발생하는 암과 의료비가 적게 발생하는 암 등 종류별로 암을 구분해, 고액암·일반암·소액암·생식기암 등으로 세분화해 보장한다. 암 종류별로 세분화를 많이 한 상품일수록 보장받을 수 있는 보험금 차가 큰 것이 일반적이다. 최근 암보험은 암이 몇 번이고 재발해도 원래 보장액과 동일한 금액을 보장하는 상품도 있다.

또한 최근 암보험은 암의 병기별로 보험금을 보장하는 상품으로 진화하고 있다. 암을 초기에 발견했는지 또는 후기에 발견했는지 등 암의 진행 상태에 따라 1기, 2기, 3기, 4기 등으로 구분한다. 암의 병기가 진행될수록 치료가 힘들고 그만큼 의료비가 많이 발생한다. 암 진행 상태에 따라 보장을 차등화해 실질적인 치료가 가능하도록 한 상품이다.

CI보험은 한국인의 3대 사망 원인과 관련된 질환인 암, 뇌혈관 질환, 심혈관 질환 등 치명적인 질병이 발생하면 사망보험금의 80%까지 먼저 받을 수 있는 상품이다. 고액의 사망보험금을 선지급 받아 치료에 전념할 수 있다는 장점이 있다.

CI보험은 한 번 발병하면 생존 확률이 매우 낮은 말기암, 고액암, 뇌출혈, 급성심근경색 등 치명적인 질병들을 보장한다. 그러나 의료기술의 발전으로 지속적으로 생존율이 높아지고 있다. 따라서 멀지 않은 미래에는 자금만 있으면 대부분의 질병이 완치 가능할 것으로 예상된다. 치료를 위한 자금을 CI보험 가입으로 마련할 수 있는 것이다.

상해보험은 주로 손해보험사가 판매하는 보장성보험 중의 일부다. 일반적으로 생명보험사의 보장성보험은 '재해'를 보장하고, 손해보험사의 보장성보험은 '상해'를 보장한다. 보험에서 통용되는 재해가 우발적인 외부 사고를 뜻한다면 상해는 급격하고 우연한 외부 사고로 신체에 입은 상해를 말한다. 즉 재해가 상해보다 조금 더 포괄적인 개념이라 할 수 있다. 상해보험은 이처럼 사고나 질병 등이 급격하고 우연한 계기로 발생해 신체에 피해를 입었을 때 피해액을 실손 보상하는 보험이다.

다만 실제 '상해보험'이라는 이름으로 판매되는 상품은 거의 없다. 손해보험사에서 가입 가능한 상품 대부분은 소액의 상해보험이 주계약이며 여러 담보들이 특약 형태로 구성되어 있는 형태다. 손해보험사에서 판매하는 건강보험 90% 이상이 상해보험을 주계약으로 구성되어 있다.

가장 많이 하는 세 번째 걱정: 죽음

내가 죽는다면 가족들은 아무런 걱정 없이 살 수 있을까? 사랑하는 가족 중 누구 한 사람이라도 없다면 행복은 그만 깨어지고 만다. 가정의 주수입원인 가장이 사망한다고 가정하자. 당장 생활비가 없으므로 배우자가 일을 시작해야만 할 것이다. 과거엔 높은 임금의 회사를 다녔다 해도 자녀를 낳고 키우면서 전문성이 떨어지게 되었다. 할 수 있는 일은 낮은 임금의 단순 노동이 대부분이다. 게다가 자녀들이 어릴수록 일찍 퇴근해야 한다. 수입이 증가할 가능성은 거의 없다. 계속 곤궁한 생활을 이어나가야만 한다.

가정의 부수입원인 배우자가 사망할 경우를 상정해도 상황은 크게 달라지지 않는다. 가장은 예전과 같은 직장에 다닐 확률이 높지 않다. 배우자 사망 전에는 일과 육아를 분담해서 했지만 이제는 혼자서 모든 걸 해야 한다. 직장 상사가 이를 달가워할 리 없다. 결국 방법은 두 가지다. 하나는, 예전처럼 일하며 자녀들을 늦게까지 학원에 보내는 것이다. 벌이는 같지만 비용이 더 많이 발생한다. 또 하나는, 자녀 육아를 위해 일찍 퇴근한다. 결국 회사를 나오게 되고 집 근처의, 임금은 낮지만 출퇴근이 쉬운 직장을 선택한다. 지출은 같지만 수입은 줄어드는 결과다. 하지만 자녀가 클수록 더 많은 비용이 들어간다.

결국 이처럼 부모 둘 중 한 명에게라도 사고가 발생하면, 가족의 행복은 송두리째 흔들리게 되는 것이다.

종신보험은 조기 사망에 따른 유가족의 재정적 위험을 덜어준다. 사망보험금으로 고액을 지급한다. 이 자금을 활용해 자립할 수 있는 시간을 마련할 수 있다. 즉 종신보험금을 활용해 일정 기간 전과 같은 생활을 유지하면서 바뀐 현실을 맞이할 준비를 하는 것이다. 일반적으로 사망 보장 자산은 대출금을 상환하고 난 후 주수입원의 3년치 연봉이 적당하다고 말한다. 3년이면 배우자 사망 전과 달라진 삶에 어느 정도 적응이 가능한 시간이기 때문이다. 주택 마련 등을 위한 대출금이 1억 원이고 주수입원의 연봉이 5천만 원이면, 1억 원의 대출금 상환 금액과 연봉 5천만 원의 3배인 1억 5천만 원을 더해 2억 5천만 원을 마련해야 한다.

최근 종신보험의 경우 향후 사망할 때 지급받는 사망보험금을 활용해 생존 시에도 연금 등 생활 자금으로 활용할 수 있도록 한 상품이 등장했으며, 종신보험의 적립금을 연금 및 의료비 등 생활 자금 재원으로 변경해 활용할 수 있는 기능도 추가되었다. 종신보험의 활용도가 다양해지는 추세인 것이다.

정기보험은 종신보험의 사망보험금 보장 기능을 정해진 기간까지 한시적으로만 보장한다. 보험소비자가 원하는 기간만큼 보험기간을 선택할 수 있다. 종신보험 대비 보험료가 매우 저렴한 것이 가장 큰 장점이다. 가족의 생애설계를 통해 저렴한 보험료로 합리적인 보장설계가 가능하다.

가장 많이 하는 네 번째 걱정: 가족

많은 사람들에게 삶의 이유를 물어보면 '가족의 행복'을 첫 번째로 꼽는다. 사랑해서 결혼한 배우자, 그리고 그 배우자와 더불어 인생의 의미를 함께할 자녀들의 얼굴에 미소가 번질 때 누구나 행복을 느끼기 마련이다. 그런데 만약 가족 중 누구 한 명이라도 아프거나 다친다면? 게다가 병원비까지 부담되는 상황이라면? 하루하루가 고통스러울 것이다.

통합보험은 본인뿐 아니라 가족 구성원 모두를 보장한다. 하나의 보험증권으로 가족 구성원 전부를 보장할 수 있게 하는 것이다. 다치거나 아파서 병원에 가야 할 때 비용의 대부분을 통합보험으로 해결할 수 있다. 공동구매를 통해 상품을 구입하면 더 저렴하듯 보험도 각각 가입하는 것보다 한꺼번에 통합보험으로 가입하면 보험료가 저렴해진다. 또한 한 증권에 대부분의 보장을 모아뒀기 때문에 관리도 어렵지 않다.

하지만 장점만 있지는 않다. 한 증권에 보장이 통합되어 있으니 경제적 사정이 어려워 일부 보험을 해약해야 할 때는 문제가 발생한다. 각각 가입한 게 아니라서 통합보험 한 상품을 해지하면 가족 구성원의 보장이 모두 사라질 수 있다.

태아 · 어린이보험은 자녀를 임신했을 때 가입(태아보험)하고, 또 출산한 아이를 위해 가입(어린이보험)한다. 일반적으로 태아보험에 가입하면 어린 자녀의 건강 악화에 따른 재정적 문제를 해결할 수 있다.

태아보험과 어린이보험을 구분하는 가장 큰 이유는 선천적인 질환의 보장 여부에 있다. 30대 이후 출산이 증가함에 따라 선천적 장해도 증가하고 있다. 태아보험은 이런 선천적인 장해를 보장하지만, 어린이보험에서는 불가능하다. 어린이보험은 일반적으로 30세까지만 보장한다. 그러나 최근 상품에는 80세나 100세까지 보장하는 상품도 있다. 연속성 측면에서 일반적으로 보험 보장 시기는 보험 기간이 길수록 좋지만, 각 연령별 특성에 맞는 상품 특성을 감안하면 자녀가 경제적 독립을 하는 시기인 30세까지 선택하는 것도 나쁘지 않다.

또 의료기술이 지속적으로 발전하고 있기 때문에 현재 어린이보험에서 보장하는 담보가 몇 십 년 후엔 보장받을 필요가 없을 정도로 의료비가 낮아질 수도 있으며, 물가상승률에 따라 현재 보장금액이 너무 소액으로 변해 어린이보험 자체의 활용도가 낮아질 수도 있다.

간병보험은 치매나 뇌졸중 등 일상생활이 어려울 때 간병 자금을 지급하는 보험이다. '긴 병에 효자 없다'는 속담이 있다. 가족 구성

원 중 누구 하나라도 질병 등으로 병상에 있으면, 가족 모두가 고생한다. 게다가 간병으로 인한 비용도 만만치 않다.

평균수명이 증가하면서 거동이 불편해지는 노인성 질환도 증가하고 있는 추세다. 따라서 간병보험에 가입하면 장기 요양을 해야할 일이 발생할 때 재정적인 걱정을 크게 줄일 수 있다.

실버보험은 특정한 상품이 아니다. 고령자가 증가함에 따라 고령자에게 맞춘 상품을 통상 실버보험이라고 부른다. 대표적인 상품으로 실버암보험, 노후실손의료보험, 간병보험, 간편심사정기보험, 간편심사건강보험 등이 있다. 일반적으로 60세부터 75세 또는 80세까지 가입 가능하다.

실버보험은 보험료가 저렴하다는 게 상식이다. 하지만 오해다. 사실은 보험료가 일반적인 보험보다 비싸다. 실버보험은 한 상품에 발생하는 절대적인 보장금액이 낮다. 즉 고령자의 리스크를 감안해 사고나 질병이 발생했을 때 받을 수 있는 보장금액이 낮으므로 보험료 자체가 낮아진 것인데 이런 오해가 생겼다.

예를 들어 일반 정기보험은 월 보험료 1만 원을 내면 1억 원을 보장받는다고 가정하자. 실버정기보험은 월 보험료 5천 원을 내면 3천만 원을 보장받을 수 있다. 이런 식으로 절대적인 보험료는 낮지만 보장금액도 축소된다. 실제로 실버보험은 일반적인 상품보다 30~50% 정도 더 비싸다. 나이가 들수록 사망 위험은 물론 질병 노출 위험 등이 높아지기 때문이다.

고령자가 보험 가입을 고려하고 있다면 우선 일반적인 보험부터 알아보고, 청약이 거절되면 그때 실버보험에 다시 청약하는 게 현명하다.

가장 많이 하는 다섯 번째 걱정: 사고

우리는 미래를 알 수 없다. 내일 당장 교통사고가 날 수도 있으며, 길을 가다 갑자기 넘어져 뼈가 부러질 수도 있다. 또는 어린 자녀가 장난을 치다가 다른 사람의 자동차나 고가의 스마트폰, 노트북 등을 망가트릴 수도 있다. 살고 있는 집에 불이 난다면 재정적 피해는 다시 일어서기 어려울 정도로 어마어마하다.

자동차보험은 자동차를 소유하고 있다면 무조건 가입해야 하는 의무보험이다. 유일한 의무보험으로서 자동차 소유주는 무조건 가입해야 한다.

운전자보험은 운전면허를 보유하고 직접 운전을 하는 사람이라면 가급적 가입해야 한다. 교통사고가 났을 때 자동차보험에서 보장하지 않는 범칙금은 물론 변호사 선임비 등을 보상한다. 자동차보험은 대부분 1년마다 갱신하는 데 반해 운전자보험은 5년, 10년 등 장기적으로 가입할 수 있다.

다만 자동차보험의 경우 운전자보험에서 보상하는 담보들을 특약 형태로 가입할 수 있으며, 자동차보험과 운전자보험 모두 가입하는 경우보다 더 저렴하게 비슷한 보장을 받을 수 있다.

화재보험은 주택이나 공장 등 부동산에서 화재가 발생했을 때 보상한다. 만약 내가 살고 있는 집에서 불이 나 옆집으로 번지면 그 이웃집의 피해도 보상해줘야 한다. 주택은 일반적으로 구입한 자산 중 가장 고가의 자산이다. 따라서 확률은 매우 낮지만 한 번 화재가 발생하면 지금까지 쌓아놓은 모든 재정적인 노력이 물거품이 된다. 화재 발생 확률이 낮기 때문에 보험료는 매우 낮은 편이다.

배상책임보험은 어떤 대상을 배상해주는가에 따라 종류가 많다. 일반적인 보험소비자는 일상생활배상책임보험 등에 가입한다. 일상생활배상책임보험은 의도치 않게 타인을 다치게 하거나 재산 피해를 입혀 배상을 해야 하는 경우에 재정적 부담을 해결해줄 수 있다. 대부분 특정 상품으로 가입하는 것이 아닌 화재보험이나 어린이보험, 운전자보험 등을 가입할 때 특약으로 포함한다.

여행자보험은 국내나 해외에 여행을 갈 때 가입한다. 익숙한 장소가 아닌 곳에 가면 그만큼 사고 발생 확률이 높아진다. 또한 여행을 하면서 카메라나 휴대폰과 같이 고가의 소지품을 분실할 우려도 있다. 이처럼 여행지에서 발생할 수 있는 사고나 질병 등을 보장하며, 소지품을 분실할 경우 소정의 자기부담금을 제외하고 실제 손해액을 보장한다.

다만 실손의료보험에 가입되어 있다면 국내 여행의 경우 굳이 가입하지 않아도 된다. 실손의료보험에서 소지품 분실 등은 보장하지 않지만 질병이나 사고에 따른 의료비는 보장하기 때문이다. 따라서 여행자보험 대상자는 대부분 해외여행을 준비하는 사람이다. 또 회사나 학교 등에서 워크숍 등의 행사를 준비할 때 단체로 가입하기도 한다.

보험은 이처럼 크게 다섯 가지 걱정 또는 위험으로부터 재정적인 안정을 지켜주기 위해 만들어졌다. 사람들의 욕구가 증가함에 따라 보험의 종류도 많아졌다. 앞서 간단하게 특징만 열거한 보험 종류만 해도 20개가 넘는다.

각각의 보험사들은 이런 상품을 거의 대부분 판매하고 있다. 아니 더 세분화해 판매하고 있다. 가령 종신보험의 경우 상품 특징에 따라 일반종신보험, 변액종신보험, 유니버셜종신보험, 변액유니버셜종신보험은 물론 보험금 지급 방법에 따라 선지급형종신보험, 연금전환형종신보험 등으로 세분화할 수 있다. 최근에는 보장금액은 동일하나 보험료는 낮춘 종신보험인 저해지환급형종신보험, 해지환급금 미보증형종신보험도 등장했다.

이처럼 복잡하니 본인이 직접 가입한 상품이라고 해도 1년만 지나면 어떤 상품에 가입했는지, 언제 보험금을 받을 수 있는지 정확하게 알기 어려운 것이다. 또 막연히 보험금을 받을 수 있을 것이라 생각했는데, 보험금을 지급받지 못할 수도 있다. 사고나 질병이 발생했는데 보험금을 받지 못하면 괜한 상품에 가입했다고 후회하기도 한다.

일반적으로 보험 상품은 복잡하면 복잡할수록, 그리고 보험사가 유명하면 유명할수록 동일 보장에 납입해야 하는 보험료가 고액인 경향이 있다. 게다가 보험사는 소비자들이 이해하기 어려운 보험 용어로 급부별 차이 및 여러 예외 사항을 만들어놓기까지 했다. 사람들이 잘 살펴보지 않는 곳에 함정을 파놨다는 의미다. 이를 모르면 비싼 보험에 가입했음에도 보장받지 못할 수도 있는 것이다.

다시 강조해 말하지만, '알면 보험'에 제대로 가입하는 것이지만 '모르면 모험'에 빠지는 셈이다. 알면 알수록 저렴하게 많은 보장을 받을 수 있다. 또 모르면 모를수록 우연의 확률로 보장을 받게 된다. 그러나 복잡하기만 할 것 같은 보험, 사실 몇 가지만 알면 누구나 쉽게 알 수 있다.

또한 요즘 보험설계사 중심의 대면 판매가 핀테크를 기반으로 한 온라인 등의 비대면채널로 확대되는 추세다. 이와 더불어 보험에 대한 인식 개선이 이뤄지고 있으며, 보험 가입을 통해 돈 · 건강 · 죽음 · 가족 · 사고와 관련한 위험 부담을 잊고서 더 건강하고 행복한 삶을 영위하려는 긍정적인 트렌드가 나타나고 있다. 그동안은 보험사가 고객을 찾았다면, 이제는 고객 스스로가 보험사와 보험 상품을 선택하는 시대가 다가오고 있는 것이다.

알면 알수록 풍요로운 인생 후반전이 기다리고 있음을 다시금 상기하면서 이제 본론에 들어가려 한다. 차근차근 내용을 새기고 관련 정보를 익힌다면 여러분이 모험에 빠지는 일 없이 기어이 보험 짠테크에 성공할 수 있으리라 믿는다.

〈보험다모아〉(http://www.e-insmarket.or.kr)는 2015년 11월 30일에 오픈된 보험 상품 비교 사이트다. 현재 많은 부분에서 보완이 필요하지만 금융당국이 앞장서서 보험 상품을 한자리에서 비교할 수 있는 사이트를 만들었다는 것만으로도 의미가 있다. 단순한 상품의 경우 이곳에서 직접 소비자가 본인에게 필요한 상품을 고를 수 있어 굳이 보험설계사를 거칠 필요가 없어지게 된다. 〈보험다모아〉는 온라인 보험 상품을 중심으로 여러 보험을 한자리에서 비교할 수 있는데, 2016년 상반기 중 보험료는 물론, 보장금액과 보장 범위까지 비교 가능하도록 사이트를 업그레이드한다는 게 금융위원회의 방침이다.

1부

나꼼꼼, 전현명 부부의
보험 가입기

나꼼꼼, 전현명 부부의 보험 가입기

꼭 필요한 보험이 무엇인지
고민부터

보험 가입을 본격적으로 고민하는 시기는 대개 결혼 이후다. 남성이든 여성이든 가정이 생기면 책임감이 더 무거워지기 마련이다. 만약 내게 무슨 일이 생기면 배우자의 인생은 어떻게 될까? 이런 고민을 시작하면서 혹시 모를 사고에 대비해 보험에 가입해야겠다는 생각을 하는 것이다. 특히 사랑스러운 자녀가 태어나면 내가 사고가 났을 때 또는 배우자나 자녀에게 문제가 발생했을 때 재정적인 어려움이 발생할지도 모른다는 걱정을 하기 시작한다.

통계청의 조사 결과에 따르면 우리나라 남성의 결혼 시기는 평균적으로 33세, 여성의 경우는 30세가량이다. 결혼 후 1명의 자녀를 출산하는 게 보통이다.

35세 남성 '나꼼꼼' 씨와 30세 여성 '전현명' 씨 부부 그리고 그 자녀인(임신 중인) 아들 '나어린'이 있다. 이들 부부는 지금 보험 가입을 고려 중이다. 이들이 가장 비싼 보험에 가입할 경우와 가장 저렴한 보험에 가입할 경우, 과연 어느 정도의 보험료 차이가 발생할까? 동일 보장을 받을 때 납입해야 하는 보험료 원금 차이가 얼마나 벌어지는지, 이제부터 살펴보려 한다.

참고로 보험사에서는 보험에 가입할 때 보험료 예시를 5세 단위로 하는 경우가 많아서 평균 결혼 연령과 조금 다르게 남성은 35세, 여성은 그대로 30세로 정했다. 또 자녀보험 가입 설계를 위해 전현명 씨는 임신 초기라 가정했다. 그리고 결혼하면 반드시 필요한 보험인 실손의료보험, 종신보험, 암보험, 3대질병보험, 어린이(태아)보험에 가입한다고 예상했다.

지난해 결혼을 한 나꼼꼼 씨는 올해 초 아내인 전현명 씨의 임신 소식을 들었다. 가장이 된데 이어 아빠가 된다고 생각하니 삶의 책임감도 더 무거워진 것 같았다. 무거워진 책임감만큼 더 열심히 살아야겠다는 생각과 함께 불현듯 보험에 하나라도 가입해야겠다는 생각이 들었다.

나꼼꼼 씨는 서울에 있는 대기업에 다닌다. 연봉은 5천만 원으로 매월 약 350만 원을 받는다. 같은 연령대가 받는 평균 연봉에 비해 결코 적지 않은 소득이다. 하지만 경기도 소재 아파트를 구입하느라 2억 원의 주택담보대출(대출금리 3% 가정) 이자 50만 원을 매월 상환하고 있다. 또 맞벌이를 하던 아내도 아이 출산 후 직장을 관둘 수밖에 없어 외벌이가 됐다. 통신비, 주거 관리비, 차량 유지비 등의 생활비로 약 2백만 원을 지출한다. 실제 가처분소득으로 손에

남는 돈은 1백만 원 남짓이다.

나꼼꼼 씨는 회사원인 만큼 급여가 갑자기 늘어날 확률은 매우 낮다. 연말에 상여금을 받을 때도 있지만 요즘은 경기가 좋지 않다는 이유로 상여금 규모도 작아지는 추세이고, 향후 상여금이 아예 나오지 않을 수 있다는 소문도 들린다. 결국 이 부부는 쓸 수 있는 가처분소득 1백만 원을 활용해 보험에도 가입하고 저축도 해야 한다는 결론을 내렸다.

나꼼꼼 씨가 보험에 가입하기 위해 가장 먼저 알아본 것은 바로 보험 관련 기사들이다. 어떤 상품에 어느 정도 규모로 가입해야 하는지 알아보기 위해 수많은 기사를 검색했다. 그러나 나꼼꼼 씨 본인의 상황에 맞는 보험 상품이 무엇인지, 또 어느 정도의 보장 규모로 가입해야 하는지 등을 확인할 수 있는 기사는 거의 찾아볼 수 없었다. 대부분이 보험업계와 관련한 거창한 기사였다. 나꼼꼼 씨의 관심사와는 동떨어진 기사들만 넘쳐난 것이다.

다만 다행인 것은 포털사이트에서 '보험'이라 검색해보니 보험 비교 사이트들이 제법 쏟아져나왔다는 점이다. 나꼼꼼 씨는 일단 그 보험 비교 사이트들 중 한 곳에 들어갔다. 관련 사이트 중에선 가장 유명하다는 곳이었다. 그런데 막상 비교 사이트의 핵심인 '비교' 기능은 찾아볼 수가 없었다. 비슷한 여러 보험을 비교해 보장하는 금액 대비 보험료 수준을 확인할 수 있을 것이라 생각했는데, 인기 보험이나 추천 보험 형식으로 그냥 상품들을 나열하고 있을 뿐이었다.

실제 나꼼꼼 씨는 몇 가지 상품으로 상담을 받아보기도 했다. 그러나 상품 판매만을 권유하는 상담원들의 목적성 상담으로 전문가가 아닌 나꼼꼼 씨는 비교는커녕 답답함을 느꼈다.

결국 나꼼꼼 씨는 자신의 특기인 꼼꼼함을 살려 직접 따져보기로 했다. 보험에 가입하기 전에 자신에게 꼭 필요한 상품은 무엇인지 확인하고, 어느 정도 보장금액을 설정해야 하며, 또 어떤 회사 상품이 저렴하면서 높은 보장을 하는지 스스로 알아보기로 결심한 것이다.

보험 비교 사이트, 실상은 '소비자 우롱' 수준

나꼼꼼 씨는 보험에 대해 잘 모른다. 그저 경제에 관심이 조금 있는 수준이다. 보험에 대해 공부하기 위해 일단 보험 비교 사이트부터 꼼꼼히 확인하기 시작했다.

포털사이트에서 '보험 비교'라는 키워드를 입력했더니 ○○전문몰, ○○밸리, 의료실비 ○○○○몰, ○○홈쇼핑 등 많은 비교 사이트들이 나타났다. 마치 우리나라에서 판매되고 있는 모든 보험 상품들을 가장 객관적으로 비교해 소비자들이 현명한 선택을 할 수 있으리라는 기대와 설렘을 갖게 했다. 또한 일부 사이트들은 국내 최대 보험 비교 사이트라 홍보하고 있었다. 그런데 이상한 점이 있

었다. 포털사이트 등에서는 '보험 비교'를 강조했건만 실질적인 비교 기능을 찾아볼 수 없다는 것이다. 비교 대신 전문가 추천순, 가입 인기순 등의 추천 순위로 보험 상품을 줄 세우는 게 대부분이었다. 비교 기능이 있긴 했지만 이마저도 홈페이지에서 직접 비교는 안 되고 전화 상담사를 거쳐야 비로소 비교 자료를 보내주는 형식이었다.

판매하는 상품도 결코 저렴한 상품이 아니었다. 나꼼꼼 씨는 며칠에 걸쳐 수많은 기사를 확인했었다. 종신보험 중 저렴한 상품은 I생명의 '용감한오렌지종신보험'이라는 기사를 읽었던 게 기억이 났다. 이 상품은 보험의 특허권이라는 '배타적사용권'을 받을 정도로 획기적인 개념을 도입해 기존 상품보다 내야 하는 보험료를 최대 25% 이상 줄여 종신보험 중 매우 저렴하다는 내용이었다. 그런데 이 상품은 비교 사이트 대부분의 판매 목록에 없었다.

지금까지 개발되지 않았던 새로운 개념의 상품이 출시되면 금융 당국이나 보험협회가 독창성을 인정하고 일정 기간 독점적 판매권을 주는 게 바로 배타적사용권이다. 독창적인 금융 신상품에 대한 일종의 특허권과 독점권이라 할 수 있다.

나꼼꼼 씨는 소비자가 직접 설계부터 가입까지 완료하고자 할 경우 온라인 보험이 저렴하다는 기사를 본 적이 있고, 보험설계사를 통해 가입하려는 경우엔 인지도가 좀 낮은 보험사들의 상품이 저렴하다는 것을 읽은 기억이 났다. 하지만 소형사 상품도 일부 사이트에서는 취급하지 않았다.

나꼼꼼 씨는 더 이상한 점도 확인할 수 있었다. 포털사이트에 '보험 비교'라는 검색어를 입력했을 때 나왔던 많은 사이트들 중 약 80% 이상의 보험 비교 사이트들의 대표가 같았다. 사실상 같은 회사라는 의미인 듯했다. 이들 사이트 역시 제대로 보험 상품을 비교·판매하는 것이 아닌 인기 추천 형식으로 판매하고 있었다.

심지어 일부 보험 비교 사이트에서는 다쳤을 때만 보험금을 보장받을 수 있는 상해보험에 암보험 특약을 붙인 상품을 '암보험'처럼 판매하는 모습을 확인하기도 했다. 이런 상품은 진짜 암보험에 비해 보험료가 매우 저렴했다. 며칠에 걸쳐 보험 기사를 검색해보지 않았다면 나꼼꼼 씨도 암보험으로 포장된 상해보험 상품에 대해 전혀 의심하지 못했을 것이다. 암보험은 암 확진 판정을 받았을 때 고액의 진단금을 지급하는 상품이다. 기사 검색을 통해 암보험 구조에 대한 내용을 파악하지 못했다면, 나꼼꼼 씨도 상해보험을 가장 저렴한 암보험이라 판단하고 가입 목적과 전혀 다른 상품에 가입해 피해를 볼 뻔했다.

이런 사이트들의 비틀어진 상품 판매 모습이 이상해 나꼼꼼 씨는 결국 한 금융소비자단체에 전화 문의를 했다. 그리고 왜 보험 비교 사이트들이 제대로 비교하지 않고 결코 저렴하지 않은 상품을 추천 형식으로 판매하는지 이해하게 되었다.

금융소비자단체의 전문가는 보험 비교 사이트의 수익원은 보험 상품 판매 후 보험사로부터 받는 모집 수수료가 거의 대부분이라고 설명했다. 이 말은 보험료가 저렴해 보험사로부터 받는 모집 수수료가 많지 않은 상품은 취급하지 못하는 사업 구조라는 것이다. 때문에 일반적인 상품보다 많은 돈을 납입하고 더 많은 모집 수수료를 떼는 상품을 인기 추천, 전문가 추천 형식으로 판매하고 있는 것이다.

보험 비교 사이트들의 이면을 확인하고 나니 나꼼꼼 씨는 그저 허탈할 수밖에 없었다. 결국 나꼼꼼 씨는 시간이 좀 걸리더라도 자신이 직접 좋은 상품들을 일일이 비교해 가입하기로 결심했다.

종신보험, 잘못 가입하면
'1억' 더 낸다

―――――

나꼼꼼 씨는 국내 1위 보험사인 S생보 소속 보험설계사를 만났다. 아직 완벽한 개념이 생기지 않은 상태여서 보험에 대해 이것저것 물어보고 몇 가지 추천 상품을 확인해볼 생각이었다.

보험설계사는 나꼼꼼 씨에게 첫 번째 가입 상품으로 종신보험을 추천했다. 가장이자 아빠인 나꼼꼼 씨가 만약 먼저 사망하게 되면 아내는 물론 어린 아들도 매우 힘들어질 것이기 때문에 이를 대비해야 한다는 게 보험설계사의 논리였다.

가입금액은 3억 원을 추천했다. 일반적으로 사망보험금은 1억 원 정도를 보장하지만 주택담보대출이 2억 원 있는 상태이니, 가입금액 3억 원 중 사망보험금으로 2억 원을 상환하면 결국 1억 원 보장을 받게 되는 셈이라 설명했다.

사망보험금 3억 원의 종신보험에 가입하고 만약 조기 사망할 경우 2억 원은 주택담보대출 원금을 상환하고, 나머지 1억 원은 유가족의 3년 생활비 등으로 활용해야 한다는 것이다. 1억 원으로 3년 생활비를 책정한 이유는 현재 연봉이 5천만 원이지만 실생활비는 월 250만 원이기 때문이다. 월지출 250만 원은 연봉 3,300만 원 수준이므로 1억 원이면 3년 생활 자금으로 충분하다는 것이다. 또 3년이면 잠시 경력이 단절된 배우자 전현명 씨도 다시 사회생활을 하기 위한 준비를 할 수 있다는 설명이었다.

나꼼꼼 씨는 설계사의 설명처럼 3억 원 보장에 대한 논리는 이해가 됐다. 3억 원은 있어야 지금 살고 있는 집에서 가족들이 계속 살 수 있다. 가장인 남편도 없는데 집도 없으면 아내 전현명 씨는 물론 어린 아들도 행복을 유지하기가 결코 쉽지 않다.

또한 보험설계사는, 나꼼꼼 씨는 물론 배우자인 전현명 씨도 똑같이 종신보험 3억 원에 가입해야 한다고 강조했다. 양가 부모님이 모두 시골에 계셔서 아들을 부모님께 맡기기도 쉽지 않다. 그렇다고 아내 전현명 씨가 없는데 일찍 출근하고 늦게까지 야근하는 업무 관행상 나꼼꼼 씨 혼자 회사를 다니면서 자녀를 키울 수도 없다.

아내 전현명 씨의 사망보험금도 3억 원은 있어야 혹시 모를 사태가 닥치면 주택담보대출을 상환하고 아이를 위한 교육 자금을 마련할 수 있을 것이라는 판단이다. 자녀를 양육할 아내가 없으면 나꼼꼼 씨는 보모를 구해야 한다. 보모의 급여를 고려하면 초등학교에 들어가기 전까지 매월 2백만 원 정도의 비용이 발생한다.

주택담보대출 원금 2억 원을 상환하고 남은 사망보험금 1억 원이면 4년간 보모의 월급여 2백만 원을 무리 없이 지출할 수 있다. 아들이 초등학교에 들어가면 퇴근 때까지 학원을 보내면 될 것이고, 이때 비용은 월 1백만 원 정도면 될 것이라 생각했다. 보모 급여보다 1백만 원 줄어드는 비용으로 나꼼꼼 씨 혼자 감당할 수 있는 정도다.

역시 전문가는 달랐다. 보장금액에 대한 설계 내용과 그 논리가 합당하다는 판단이 들었다. 그런데 문제는 보험료가 너무 부담스럽다는 점이었다. 나꼼꼼, 전현명 씨 부부가 쓸 수 있는 가처분소득, 즉 개인소득 가운데 소비나 저축을 자유스럽게 할 수 있는 소득은 매월 약 1백만 원뿐이다. 그런데 3억 원을 보장받으려면 나꼼꼼 씨 혼자 20년 동안 내야 하는 보험료가 무려 월 65만 원(S생보 모 종신보험 기준)에 달했다. 전현명 씨도 3억 원을 보장받기 위해 같은 상품에 가입하려면 월 50만 원 정도가 필요했다. 너무나 부담스러운 금액이다.

보험설계사는 보장금액을 줄이면 보험료도 줄어든다고 강조했다. 2억 원으로 줄이면 보험료는 2/3가 줄어들고 1억 원으로 줄이면 1/3로 줄어든다. 여유 자금이 더 생기면 다시 종신보험에 가입하면 된다고 설득했다.

그러나 나꼼꼼 씨는 보장금액을 줄이는 결정을 내리지 않았다. 언제 무슨 일이 생길지 모르는 거니까. 주택담보대출 상환 이전에 혹시 자신이 사망한다면 신혼 때부터 살아온 집을 아내인 전현명 씨 혼자 유지하기 버거울뿐더러 남겨진 가족의 삶의 질이 매우 낮아질 게 뻔하다.

결국 나꼼꼼, 전현명 씨 부부는 S생보 상품 가입을 포기할 수밖에 없었다. 그리고 다시 나꼼꼼 씨는 더 저렴한 금액으로 부부가 동시에 3억 원을 보장받을 수 있는 상품은 없는지 찾아봤다. 국내 생명보험사 중에서 이른바 '빅3'라고 불리는 H생보와 K생보 상품도 알아봤다. 그런데 이들 보험사도 S생보와 비슷한 수준의 금액을 납입해야 종신보험 3억 원을 보장받을 수 있었다.

나꼼꼼 씨는 외국계 보험사도 알아봤다. 첫 번째로 알아본 곳은 국내에 처음으로 종신보험을 도입했다는 P생보다. 그리고 외국계 보험사 중 현재 가장 규모가 크다는 I생보와 AL생보도 알아봤다. P생보의 보험료 수준은 S생보와 크게 차이가 나지 않았으며, I생보 종신보험은 나꼼꼼 씨에게 책정된 보험료가 월 9만 원 정도 낮아 56만 원 수준이었지만, 아내 전현명 씨 보험료의 경우는 빅3와 5만 원 정도밖에 차이가 나지 않는 비슷한 수준이었다. 다만 AL생보는 나꼼꼼 씨의 경우 월 55만 원, 전현명 씨의 경우 월 40만 원 정도로 빅3 생명보험사보다 약 15% 저렴했다.

나꼼꼼 씨는 최근 인터넷에서 자주 광고를 접했던 온라인 생명보험사가 갑자기 떠올랐다. 온라인 생명보험사들은 보험료가 저렴하다고 강조하고 있다. 온라인을 통해 종신보험을 판매하는 회사는 L생보뿐이었다.

L생보는 K생보의 온라인 전용 보험 자회사다. 결국 온라인에서 종신보험을 가입할 수 있는 L생보도 빅3와 관련되어 있는 안정적인 회사로 보험료만 저렴하다면 가입해도 된다고 나꼼꼼 씨는 생각했다.

온라인 종신보험은 보험설계사 수당 등 사업비가 저렴해 기존 빅3 생명보험사 대비 보험료가 매력 있을 것이라 기대하며 보험료를 설계했다.

L생보 종신보험의 경우 약 43만 원이면 3억 원을 보장받을 수 있다는 것을 확인했다. 빅3 생명보험사 설계사에게 가입하는 것보다

주요 보험사 종신보험 주계약 보험료 비교

(기준: 남성 35세, 여성 30세, 주계약, 기본형, 가입금액 3억 원, 표준체, 20년 납, 월납)

보험사	상품명	월 납입보험료		총 납입보험료	
		남	여	남	여
S생보	플래티넘유니버설종신보험1.0 (무배당, 보증비용부과형)	648,000	489,000	155,520,000	117,360,000
H생보	H생보 스마트통합종신보험 무배당	603,000	441,000	144,720,000	105,840,000
K생보	무배당 K생보프리미어종신보험	625,500	474,000	150,120,000	113,760,000
P생보	무배당 종신보험	603,000	459,000	144,720,000	110,160,000
I생보	무배당 종신보험 표준형	564,300	438,900	135,432,000	105,336,000
AL생보	무배당 AL생보파워업 통합종신보험III(보증비용부과형)	550,050	404,700	132,012,000	97,128,000
D생보	무배당 수호천사프리스타일 통합종신보험	588,000	432,000	141,120,000	103,680,000
L생보	무배당 L생보 e종신보험	434,700	309,600	104,328,000	74,304,000

※출처: 2016년 2월 각사 홈페이지 참조

무려 50%, 즉 L생보 대비 S생보가 약 20만 원 이상 비싸다. 30세 여성인 전현명 씨 보험료도 30만 원대로 가입 가능하다. 빅3 생명보험사 설계사를 통해 나꼼꼼 씨가 혼자 가입할 경우 산정되는 보험료에 10만 원 정도만 추가하면 A씨 부부가 똑같이 3억 원의 보장을 받을 수 있는 것이다.

S생보와 비교할 때 나꼼꼼 씨는 매월 21만 원, 전현명 씨는 매월 18만 원의 보험료를 20년 동안 아낄 수 있다. 총 납입보험료 차액만 무려 9,360만 원이나 된다. 종신보험 하나 잘 가입하면 무려 1

억 원'에 가까운 돈을 절약할 수 있는 셈이다. 짠테크도 이런 짠테크가 세상에 또 어디 있겠는가.

이런 결과를 확인하자 나꼼꼼 씨는 충격에 빠졌다. 사람이 살면서 구입하는 것 중 가장 비싼 것은 '주택'이고, 두 번째가 바로 '자동차'라 생각하고 있었다. 중형차는 보통 3천만 원 내외에서 구입이 가능하다. 그런데 종신보험은 무려 납입해야 하는 보험료가 1억 원이 넘는다. 소형 주택 가격과 비슷한 수준이다. 배우자인 전현명 씨의 보험료까지 고려하면 무려 3억 원에 가까운 돈을 납입해야 한다는 결론이다.

심지어 가장 비싼 상품과 가장 저렴한 상품의 가격 차이가 50%였다. 그런데 나꼼꼼 씨가 기사를 통해 확인한 결과 가장 비싼 수준의 보험료를 보였던 빅3의 점유율이 50% 이상이다. 두 명 중 한 명이 가장 비싼 상품을 가장 좋은 상품인 줄 알고 가입하고 있는 셈이다.

자동차로 비유하자면 국산 중형차는 3천만 원 정도면 장만할 수 있다. 독일 프리미엄 브랜드의 중형차는 1억 원이 넘기도 한다. 가격 차이가 3배 이상 발생하기도 하는 것이다. 그러나 자동차는 성능이 다르다. 프리미엄 브랜드 자동차는 가속력과 제동력 면에서 국산차와 현격한 차이를 보일 정도로 월등하며 운전자 편의장치와 안전장치도 많이 장착되어 있다. 무엇보다 자동차는 실물 상품이기 때문에 즉각 그 디자인 차별성부터 확인할 수 있다.

반면 보험은 무형의 상품이다. 심지어 향후 받는 혜택도 같다. 종신보험은 사망보험금을 지급하는 상품이다. 사망 여부 판단에는 심장이 멈췄는지를 본다. 다른 판단 기준이 끼어들 게 없다. 무형의 상품이기 때문에 보험증서를 몸에 붙이고 다니지 않는 이상 눈으로 상품의 차별성을 확인할 수도 없다. 한마디로 가장 비싼 보험사에서 가입하든 가장 저렴한 보험사에서 가입하든 간에 차별성이 전혀 없다.

심지어 가입했던 보험사가 망한다고 해도 상관없다. 전부는 아니지만 예금자보호법에 의해 5천만 원 이내에서 보상 가능하며, 다른 보험사가 망한 회사를 인수 또는 합병한다면 보험업법에 따른 보험 계약 이전을 통해 인수한 회사가 가입 당시의 약관에 따라 계속해서 보장을 해줘야 하기 때문이다(다만 지난 2010년 7월 보험업법이 개정되면서 보험금이 일부 변경될 수 있다는 등의 문구가 삽입됨).

결국 나꼼꼼 씨는 보험에 가입하기 전에 꼭 필요한 상품인지, 정말 저렴한 상품인지 반드시 확인하고 가입하기로 다짐했다.

실손의료보험도 가격 차이 40% 이상

나꼼꼼 씨가 두 번째로 고민한 보험은 실손의료보험이다. 실손의료보험은 '실손보험', '실비보험', '민영의료보험', '민영건강보험' 등 많은 이름을 가지고 있다. 현재 3,500만 명가량이 가입한 보험이기도 하다. 미성년자와 노약자 빼고 대부분이 가입했다 해도 과언이 아니다.

보편화된 보험이기 때문에 2003년 도입 이후 개정이 많았다. 요즘은 보험사들이 표준화된 실손의료보험을 판매 중이다.

실손의료보험은 5천만 원 한도 내에서 실제 발생한 의료비를 보상한다. 다만 소정의 자기부담금이 발생한다. 이런 자기부담금도 연간 2백만 원을 초과하면 더 이상 내지 않는다. 예를 들어 중증 질환으로 1월에 1천만 원의 의료비가 발생했다 하자. 이 경우 자기부담금이 최대 20%인 2백만 원까지 들어간다. 하지만 이후 의료비는 전액 실손의료보험에서 보상된다.

나꼼꼼 씨나 전현명 씨는 아직 젊다. 고액의 의료비가 발생할 확률은 매우 낮으며 부부 둘 다 건강체질이라 감기도 잘 안 걸리는 편이다. 그래서 아직까지 실손의료보험도 가입하지 않았다.

하지만 종신보험에 대해 알아보면서 실손의료보험은 반드시 가입해야겠다고 생각했다. 대신 단독형 실손의료보험으로 가입을 결정했다. 일반적으로 보험설계사가 판매하는 실손의료보험은 단독형*이 아닌 종합형*이다. 단독형의 경우 실손의료비(입원비, 통원

★ 단독형과 종합형

실손의료보험은 단독형과 종합형으로 판매된다. 다만 엄밀하게 말해 단독형 실손의료보험이 실질적인 실손의료보험이며, 종합형은 단독형 실손의료보험에 진단비, 수술비, 입원비 등 여러 특약을 붙여 보장금액과 보장 범위를 넓힌 것에 불과하다. 물론 특약을 많이 붙이며 붙일수록 보험료는 높아진다.

2009년 실손의료보험 표준화 이후 현재 판매되고 있는 단독형 실손의료보험은 어떤 보험사에서 가입하든 보장이 동일하다. 결국 차이가 발생하는 것은 소비자가 내야 하는 보험료뿐이다.

비)만 보장해주며, 종합형은 실손의료비에 특약(담보) 추가가 가능하다. 종합형은 보통 표준화된 실손의료보험에 입원 특약, 수술 특약, 골절 특약, 상해 특약 등의 특약을 추가해 5만 원에서 10만 원 사이의 보험료를 책정한다. 물론 여유 자금이 있다면 더 많은 보장 자산을 채우는 게 좋다는 것을 나꼼꼼 씨도 안다. 하지만 L생보 종신보험에 부부가 각각 3억 원 보장 가입 보험료를 납입하고 나면 쓸 수 있는 돈, 즉 가처분소득은 25만 원 정도에 불과하다. 가급적 저렴한 상품을 선택해야 한다.

나꼼꼼 씨는 향후 급여가 올라서 여유 자금이 생기면 특약을 추가하기로 하고 일단 단독형 실손의료보험부터 알아보기 시작했다. 단독형 실손의료보험은 보험료가 너무 낮아 보험설계사의 판매 유인이 거의 없다. 다시 말해 상품을 알아보고 가입하는 것도 대부분 혼자 진행해야 한다는 것이다. 다행인 것은 생명보험협회와 손해보험협회 그리고 〈보험다모아〉 사이트에서 단독형 실손의료보험을 한 번에 비교할 수 있는 시스템이 있다는 점이다.

나꼼꼼 씨는 질병입원·질병통원·상해입원·상해통원 등 가장 일반적으로 선택하는 담보를 넣고 조회했다. 가장 저렴한 곳은 L손보였다. 보험료는 11,911원(자기부담금은 급여 10%, 비급여 20%. 여기서 '급여'★란 건강보험공단에서 치료비를 지원하는 부분, '비급여'★는 그렇지 않은 부분을 뜻한다)이었다. 반면 가장 비싼 보험사는 AL생보로 1만 5,110원을 납입해야 했다. 단독형 실손의료보험은 사실 어떤 보험사에서 가입해도 약관이 똑같다. 금융 당국에서 표준화했기 때문이

단독실손의료보험 보험료 비교

기준: 선택형II(본인부담금 급여 10%, 비급여 20%), 월납

구분	남자 35세		여자 30세	
	최저	최고	최저	최고
보험사	L손보	AL생보	H손보	AL생보
상품명	무배당 L손보 실손의료보험(1601)	무배당 AL생보뉴실손 의료비보장보험	H손보실손의료비 보장보험 무배당	무배당 AL생보뉴실손 의료비보장보험
보험료(원)	11,911	16,510	11,756	17,300

※출처: 2016년 2월 〈보험다모아(http://www.e-insmarket.or.kr)〉 참조

다. 그런데도 이 상품 역시 가격 차이가 25% 이상 발생한 것이다.

이번엔 전현명 씨를 염두하고 비교했다. ==가장 저렴한 곳은 H손보로 보험료는 1만 1,756원이었다. 가장 비싼 곳은 AL생보로 1만 7,300원이었다. 약 50% 가격 차이가 발생했다.==

질병에 노출될 확률은 나이가 들수록 높아진다. 60세 이후 의료비는 60세 이전 의료비보다 더 많이 발생한다는 통계도 있다. 결국 실손의료보험에 가입하기 위해 납입해야 하는 보험료는 시간이 갈수록 많아질 게 분명하다. 그런데 매번 40%~50% 정도 차이가 나는 보험료를 납입한다면 이마저도 엄청난 금액 차이가 될 것이 분명하다.

★ **급여와 비급여**

급여는 가입자의 질병, 부상 등에 대한 진찰, 검사, 입원, 수술, 이송 등 국민건강보험법 제41조(요양급여)에 해당하는 요양급여 및 의료급여법 제7조(의료급여의 내용 등)에 따른 의료급여를 말한다. 그리고 비급여는 CT, MRI, 초음파 등 국민건강보험법 또는 의료급여법에 따라 보건복지부 장관이 정한 비급여 대상을 말한다.

100% 환급받는 암보험도
2천만 원 차이

────

종신보험과 실손의료보험에 가입하고 얼마 지나지 않아 나꼼꼼 씨는 한국인의 사망 원인 중 1위라는 암에 대한 걱정도 생겼다. 암에 걸리면 실손의료보험에서도 병원비와 수술비, 입원비 등이 보상된다. 하지만 암은 고액의 의료비가 발생하는 것은 물론 입원도 장기간 해야 한다. 병원에서 퇴원한 다음에도 지속적으로 항암치료를 받아야 하며 항암치료를 받은 후에는 체력이 급격하게 떨어져 더 이상 회사를 다니지 못할 확률이 높다. 심지어 요양 생활을 해야 할수도 있다.

암은 길게는 몇 개월 이상 입원해 치료받아야 하기 때문에 간병인을 고용하는 게 보통이다. 하지만 실손의료보험에서는 간병인 고용에 대한 보상은 하지 않는다. 실손의료보험은 병원에서 직접 치료를 받고 약을 처방받아 구입한 비용 등 직접치료비에 해당하는 의료비만 보상하기 때문이다. 또 실손의료보험만 가지고는 암 치료 이후 직장 생활을 하지 못하는 등 소득 감소를 대비할 수 없으며, 요양 생활을 하게 될 경우 소득은커녕 소비만 증가하는 경우도 대비할 수 없다.

결국 나꼼꼼 씨는 고액의 의료비가 지속적으로 발생하는 암에 대비하기 위해 반드시 암보험도 가입해야겠다고 결정했다. 그리고 가장 먼저 어떤 암보험에 가입하는 게 좋은지부터 알아봤다. 예전

암보험은 어떤 암이라도 암에만 걸리면 무조건 고액을 보장했다. 그런데 평균수명 증가와 의료기술의 발전 등으로 암에 걸릴 확률도 증가한 것은 물론 암을 발견하는 확률도 높아졌다. 또 갑상선암, 피부암 등 암 중에서도 상대적으로 발병 확률은 높지만 치료 예후가 좋은 암 확진 판정도 증가했다.

이런 문제로 2000년 초반 보험사들이 우후죽순 경쟁적으로 내놓았던 암보험이 2007년을 기점으로 사라지기 시작했다. 보험사 입장에선 거두는 보험료보다 지급해야 하는 보험금이 너무 많아졌기 때문이다. 즉 손해율이 높아졌다는 것이다. 보험사는 예상했던 암 발병 확률보다 더 많은 사람들이 암에 노출되어, 가입자들로부터 받는 보험료보다 더 많은 돈을 보험금으로 지급해야만 했다. 보험사도 이윤을 창출해야 하는 기업인지라 팔면 팔수록 손해를 보는 암보험 서비스를 중단할 수밖에 없던 것이다.

그러나 2010년을 기점으로 다시 암보험이 나오기 시작했다. 다만 암 확진 판정만 받으면 고액의 진단비를 지급하던 이전 암보험과는 달라졌다. 암을 종류별로 세분화했다.

최근 암보험들을 보면 크게 고액암, 일반암, 남녀생식기암, 소액암 등으로 구분한다. 일반암은 간암, 위암, 식도암, 대장암 등이다. 고액암은 뇌암, 뼈암, 혈액암 등 일반암보다 노출 확률은 낮지만 치료가 힘들어 고액의 의료비가 발생하는 암이다. 남녀생식기암은 전립선암, 유방암, 자궁암 등이다. 남녀생식기암은 일반암보다 발병 확률이 높지만 초기에 자가진단으로도 발견이 가능해 의료비가 크게 발생하지 않는다. 소액암은 피부암, 대장점막내암, 갑상선암, 경계성종양, 제자리암 등 발병 확률은 높지만 암 종류 중에서 가장 발견이 쉽거나 의료비가 조금 발생하는 암으로 예후도 가장 좋다.

보험사들은 이처럼 암을 구분해 보통 일반암은 2천만 원에서 5천만 원을 보상한다. 고액암은 일반암의 2배를 보상하며, 전립선암은 일반암 대비 20~40%를, 소액암은 일반암 대비 10%~20%를 보상한다.

나꼼꼼 씨가 암보험에 가입하고자 또 알아본 것은 보험료가 저렴하지만 5년 또는 10년 등 정해진 기간만 보장하는 갱신형이 나은가, 아니면 80세 이후까지 보장되는 비갱신형이 나은 선택인가였다. 암보험에 가입해 보장되는 기간을 보니 생명보험 대형 3사의 경우 보장 기간이 15년짜리밖에 없었다. 하지만 나꼼꼼 씨가 생각하기에 암은 나이가 많을수록 발병 확률이 높아진다. 그런데 나이가 들면 지금보다 더 보험료를 내기가 힘들어질 것이라는 판단을 했다. 결국 80세 이후까지 보장되는 상품을 가입하는 게 좋겠다고 생각했다.

또 만기환급금이 있는 상품을 택할 것인지, 아니면 만기환급금이 납입원금보다 줄어드는 상품을 택할 것인지를 두고 고민했다. 아무래도 노후에는 소득이 줄어들게 되니 저축하는 셈 치고 보험료로 낸 돈을 모두 받을 수 있는 상품을 택하는 게 좋겠다고 생각했다. 그래서 나꼼꼼 씨는 80세 이후까지 보장되면서 낸 보험료를 향후 전액 만기환급금으로 돌려받을 수 있는 구조의 암보험에 가입

(기준: 남성 35세, 여성 30세, 20년 납, 일반암 4천만 원, 표준체, 월납)

보험사		M생보	A생보	L생보
상품명		예방하자 암보험 무배당1601(비갱신형)	무배당 뉴 원스톱 암보험 1형 2종	무배당 L생보 e암보험
보험 기간		85세 만기	80세 만기	80세 만기
월납 보험료 (원)	남	110,520	113,200	58,700
	여	59,200	68,000	29,240
총 납입보험료 (원)	남	26,524,800	27,168,000	14,088,000
	여	14,208,000	16,320,000	7,017,600

※출처: 2016년 2월 각사 홈페이지 참조

하기로 결정했다. 이런 구조의 암보험은 M생보와 A생보, L생보가 판매 중이었다.

세 회사 모두에서 가입설계를 해본 결과 나꼼꼼 씨는 다시 한 번 놀랄 수밖에 없었다. 부부가 동시에 가입한다는 조건으로 따져 보니 매월 납입해야 하는 보험료 차액이 2배 이상 발생했기 때문 이다. 80세까지 일반암 4천만 원을 보장하는 암보험의 월 납입보 험료가 부부 합산 기준 A생보는 181,200원이며 L생보는 87,940 원 수준으로 9만 3천 원가량 차이가 났다. 그리고 20년 동안 납입 해야 하는 보험료는 약 2천만 원가량 차이였다. 이는 웬만한 차 한 대를 살 수 있는 돈이다. 납입 기간이 완료된 20년 후부터 만기 환급금을 받는 80세까지 약 30년 동안 보험료 차액인 2천만 원으 로 매년 3% 수익만 낸다고 가정해도, 원리금은 무려 5천만 원가 량이다.

3대질병 보장 납입보험료,
차액이 두 배라고?

나꼼꼼 씨가 암보험 다음으로 가입을 고민한 상품은 한국인에게 주로 노출되는 3대질병을 집중 보장하는 상품이다. 3대질병이란 암, 뇌출혈, 급성심근경색증으로 한국인의 사망 원인 중 약 50%를 차지하면서 한 번 노출되면 고액의 치료비가 발생하는 질환이다.

나꼼꼼 씨가 뉴스 검색을 통해 알아본 결과 3대질병보험은 종신보험에 CI 기능을 합친 CI종신보험(갑작스런 사고 또는 질병으로 중병 상태가 이어질 때 사망보험금의 일부를 미리 받을 수 있는 보험)에서 고액을 보장하는 것이 일반적이었다. CI종신보험은 3대질병에 노출되면 사망보험금의 80%까지 선지급하는 상품이다. CI종신보험도 종신보험의 일종이기 때문에 납입보험료가 매우 비싸며, 나꼼꼼 씨는 이미 온라인 보험사인 L생보에서 종신보험을 가입해 CI종신보험을 선택할 수 없었다.

그래도 나꼼꼼 씨는 종신보험에서 CI보험 특약을 가입할 수 있는지도 알아봤다. 하지만 L생보 등 온라인 생명보험사에서는 특약을 가입할 수가 없었다. 온라인 보험은 소비자가 쉽게 이해할 수 있는 단순한 상품 위주로 판매하기 때문이다. 결국 CI종신보험을 가입하려면 이미 가입한 종신보험을 해지하고 다른 보험사에서 설계사를 통해 가입해야 한다. 그러나 이마저도 여의치 않았다. 설계사를 통해 가입하는 다른 종신보험들은 이미 가입한 L생보의 종신보험보다 매우 비싼 수준이었기 때문이다.

　나꼼꼼 씨는 3대질병만 집중적으로 보장하는 상품이 있는지 찾았다. 모든 보험사에서 판매하는 것은 아니었지만 나꼼꼼 씨가 원하는 상품을 파는 보험사가 다행히 존재했다. 생명보험사 중에서는 NH생보, LI생보, HA생보가 관련 상품을 판매 중이다. 손해보험사 중에서는 M손보 등이 판매하고 있었다.

　나꼼꼼 씨는 3대질병을 집중적으로 보장하는 보험을 꼼꼼히 살펴봤다. 3대질병보험은 암이나 뇌출혈, 급성심근경색증 확진 판정을 받으면 3천만 원 이상의 고액을 보장한다. 부담스러운 보험료 수준으로 인해 CI종신보험에 가입하기 쉽지 않거나 이미 종신보험에 가입되어 있는 나꼼꼼 씨와 같은 사람들을 위해 사망 보장을 하지 않는 구조로 보험료를 낮추고, 3대질병만 집중적으로 보장해주는 상품 구조였다. 다만 특약을 붙이지 않으면 3대질병이 아닌 다른 질병으로 병원을 찾아도 아무런 보험 혜택을 볼 수 없다는 것이 단점이라면 단점이었다.

　보장을 받을 수 있는 기간을 알아보니 일부 보험사는 10년 만기 후 100세까지 갱신할 수 있는 상품을, 일부 보험사는 100세까지 비갱신형으로 가입할 수 있는 상품을 판매 중이다. 나꼼꼼 씨는 결국 보험설계사를 통해 상담까지 받았다. 그 결과 3대질병보험은 비슷한 보장에 50% 정도의 차액이 아닌 약 두 배 가까운 보험료 차액이 발생했다.

　10년 동안 보장받기 위한 상품인 M손보의 '3대질병 보장보험'은 월 1만 6,300원 수준이며, NH생보의 '3대질병보험'은 2만

3대질병보험 보험료 비교

(기준: 남성 35세, 표준체, 월납)

구분	갱신형			비갱신형	
보험사	M손보	NH생보	LI생보	M손보	HA생보
상품명	무배당 M손보 3대질병보장보험 1601(1종)	하나로 NH생보 3대질병보험 (갱신형, 무배당)_1504	무배당 집중보장건강 보험(갱신형)	무배당 M손보 3대질병 보장보험 1601(2종)	무배당 행복 knowhow Top3 플러스 건강보험_3대 질병보장형 (순수보장형)
보험 기간	10년 만기	10년 만기	10년 만기	100세 만기	100세 만기
납입 기간	10년 납	10년 납	10년 납	20년 납	20년 납
가입금액	3천만 원	1천 5백만 원	1천 5백만 원	암: 4천만 원, 2대질병: 8천만 원	2천만 원
보장금액	3천만 원	3천만 원	3천만 원	암: 4천만 원, 2대질병: 8천만 원	암: 4천만 원, 2대질병: 8천만 원
월납 보험료(원)	16,300	22,780	34,050	116,700	169,600
만기보험금	–	100만 원	150만 원	–	–

* M손보는 의무가입 특약 일반상해사망 보장 2억 원 포함
※출처: 2016년 2월 각사 홈페이지 참조

2,780원 수준이다. LI생보의 '집중보장건강보험'은 무려 3만 4천 원이 넘었다. 다만 M손보만이 만기에 보험료가 전액 소멸되는 순수보장형이며, NH생보와 LI생보의 경우 만기에 각각 1백만 원과 150만 원의 환급금을 지급, 건강보조자금 등으로 활용할 수 있다.

10년 동안 내는 총 보험료에 만기환급금을 빼는 형식으로 실제 납입하는 보험료를 계산하면, 가장 저렴한 M손보와 가장 비싼 LI생보의 실제 납입하는 총 보험료 차액은 63만 원이었다. 심지어 보험료가 더 저렴한 M손보의 상품은 2억 원의 상해사망 보장 담보도 추가되어 있다.

나꼼꼼 씨는 혹시 몰라 100세까지 보장받을 수 있는 비갱신형 상품도 알아봤다. 보장 기간이 길면 내야 하는 보험료 수준도 높아진다. 그러나 진짜 질병에 대한 대비가 필요한 노년에는 더 보험료를 납입하지 않고도 보장을 받을 수 있어 안심이 된다.

100세까지 비갱신형 그리고 만기환급금 없는 순수보장형으로 보장받을 수 있는 상품은 M손보와 HA생보가 판매하고 있었다. 그런데 보험료는 두 회사 모두 11만 원 이상의 높은 보험료를 부담해야 한다. 나꼼꼼 씨가 선택한 보험은 M손보의 10년 만기 갱신형 상품이었다. 부부가 모두 가입해도 약 3만 원으로 해결할 수 있었다. 100세까지 비갱신형으로 가입할 수 있는 상품을 택하고 싶었지만 보험료 수준이 부부 합산 20만 원 이상 수준이기 때문에 가입이 쉽지 않았다.

나꼼꼼 씨는 본인과 배우자의 보장 자산은 어느 정도 맞춘 것 같았다. 때문에 보험료가 얼마나 드는지 중간 정산을 해보기로 했다. 부부는 현재 3억 보장의 종신보험을 가입해 각각 월 기준 43만 원(35세 남성 나꼼꼼 씨 기준), 30만 원(30세 여성 전현명 씨 기준)의 보험료가 발생했다. 그리고 실손의료보험으로 부부 모두 보험료가 약 3만 원 들어갔으며, 또 일반암 기준 4천만 원을 80세까지 보장받는 기준으로 보험료가 각각 6만 원과 3만 원이 발생했다. 10년 만기 갱신형 3대질병보험으로 또 약 3만 원이 발생해 지금까지 88만 원의 보험료가 발생했다.

처음에 알아봤던 가처분소득 1백만 원으로 종신보험, 실손의료

나꼼꼼, 전현명 부부가 가입한 보험 정리

	나꼼꼼 씨 보험료(월)	전현명 씨 보험료(월)
종신보험(3억 원 보장)	43만 원	30만 원
암보험(일반암 기준 4천만 원을 80세까지 보장)	6만 원	3만 원
실손의료보험	약 3만 원	
3대질병보험(10년 만기 갱신형)	약 3만 원	
월 보험료 합계	약 88만 원	

보험, 암보험에 3대질병보험까지 가입한 것이다. 만약 꼼꼼히 알아
보지 않고 그냥 유명한 보험사인 S생보 상품으로 가입했다면 종신
보험만 따져도 보험료는 무려 114만 원이다. 정말 단순한 계산이
다. 사망보험금 지급이라는 동일한 서비스를 받을 수 있는데 한 상
품은 114만 원이며, 또 다른 상품은 73만 원인 것이다. 서비스가
같은데 가격이 저렴하니 다른 서비스까지 쇼핑할 수 있다. 그렇게
종신보험은 물론 실손의료보험, 암보험, 3대질병보험까지 선택해
도 매월 26만 원의 차액이 발생한다.

나꼼꼼 씨는 이제야 삶이 안정되는 것 같았다. 본인이나 배우자
인 전현명 씨가 어떤 사고나 정말 위험한 질병에 노출된다 해도 재
정적으로는 항상 안정적인 상태를 유지할 수 있다고 생각했다. 삶
이 안정된다고 생각하니 생활에 대한 의욕도 치솟는 기분이었다.

그럼에도 아무 보장 자산이 없을 때 쓸 수 있는 가처분소득 1백
만 원 중에서 12만 원이 남아 있으며, S생보 종신보험 가입 대비 아
직 26만 원 정도의 여유 자금이 있다 생각하니 기분도 좋았다.

복잡한 어린이보험,
핵심은 '실손'과 '태아 특약'이다

나꼼꼼 씨는 본인과 배우자 전현명 씨의 보장 자산은 충분하다고 생각했다. 더 이상 추가로 가입할 보험도 없고 뺄 보험도 없다. 하지만 한 가지 놓친 게 있었다. 바로 태어날 아들을 위한 어린이보험에는 가입하지 않은 것이다.

아이들은 성인보다 면역력이 약해 감기나 장염 등의 소소한 질병은 달고 산다. 면역력은 약한 반면 활동성은 좋아 다치는 일도 많다. 소소한 질병이나 사고에서부터 만약에 있을지 모를 큰 질병이나 사고도 보장 가능한 상품으로 선택해야겠다고 나꼼꼼 씨는 마음먹었다.

일단 나꼼꼼 씨는 생명보험사와 손해보험사 상품 중 어떤 것이 좋은지부터 알아봤다. 뉴스와 블로그 등에서 자료를 보니 보험료가 조금 더 저렴한 것은 손해보험사 상품이었다. 또 손해보험사 상품은 보장 범위가 생명보험사 상품보다 상대적으로 넓다. 다만 손해보험사 상품은 보장금액이 생명보험사 상품보다 적은 것이 단점이라면 단점이었다. 생명보험사 어린이보험은 손해보험사 대비 보험료가 조금 더 높고 보장 범위가 좁지만, 소아암이나 백혈병 등의 중대 질병을 고액으로 보장하고 있었다.

어린이보험 가입자의 약 70%는 손해보험사에서 가입한다고 한다. 가장 좋은 것은 손해보험사와 생명보험사 상품을 각각 가입하는 것이지만, 나꼼꼼 씨의 주머니 사정은 이제 보험에 여유롭게 들 만큼 넉넉하지 않았다. 결국 가성비가 좋은 상품을 찾아야 했다.

생명보험사와 손해보험사 상품의 특징을 파악하고 나자 나꼼꼼 씨는 주저 없이 손해보험사 상품으로 가입해야겠다고 생각했다. 아주 드물게 백혈병 등 큰 병이 발생하는 일이 있지만, 그것은 정말 드문 일이다. 대신 아이들은 정말 자주 아프고 다친다. 고액 보장이 아니라 소액이라도 자주 보장받는 보험이 좋다고 판단한 것이다.

손해보험사 상품으로 가입을 결정하고 나꼼꼼 씨가 두 번째 고민한 것은 아이가 몇 살이 될 때까지 보장을 받을 것인가였다. 만나 본 보험설계사 대부분은 100세까지 보장받는 상품을 권했다. 길게 보장받을 수 있게 해 언제든 부모의 사랑을 느낄 수 있도록 하라고 설득했다. 그런데 아무리 생각해도 자녀가 100세까지 보험으로 보장받게 하는 상품은 좋은 상품이 아닌 것 같았다. 보장 기간이 길면 길수록 보험료도 더 내야 하므로 보험료가 비싼 것은 물론이다.

그런데 실제 자녀가 30세가 된 후 진짜 보장을 받을 수 있을까에 대한 의문에도 긍정적인 결론을 내지 못했다. 지금도 30년 전에 비해 의학기술이 엄청나게 발전했다. 30년 전에는 엑스레이도 없었다. 조금이라도 큰 수술은 대부분 직접 개복을 해야 하는 것은 물론이었다. 그에 반해 지금은 장기이식 등의 중대한 수술이 아니라면 개복하는 일이 거의 없다. 그냥 작은 내시경이 들어갈 정도의 구멍만 뚫어 종양 등을 제거한다.

그런데 약관을 살펴보면 보험사가 정해놓은 수술 대부분은 내시경 수술은 보상받지 못한다. '개복'이라는 요건이 성립해야 수술비를 지급하기 때문이다. 향후 30년 후라면 내시경은커녕 정말 알약만 한 로봇을 삼키고 그 로봇이 몸 구석구석을 돌아다니면서 문제가 되는 부분을 제거하는 등 소설이나 영화에서만 보던 일이 현실이 될 수도 있다. 또는 수술 이전에 알약로봇이 몸을 돌아다니며 문제 있는 부분을 먼저 찾아내 예방할 수 있게 될 수도 있다. 의료비는 발생하는데 보험금을 받지 못할 수 있다는 의미다.

나꼼꼼 씨는 자녀보험은 100세 보장이 아닌 30세 보장만 가능한 상품을 택하기로 했다. 20세라면 아직 아들이 경제적 독립을 하지 못했을 시기겠지만, 30세는 회사를 다니는 등 경제적 독립이 가능한 시기라고 생각했다.

납입 기간은 기존에 가입했던 종신보험, 암보험 등과 마찬가지로 역시 20년으로 생각했다. 평생 보험료만 내며 살 수는 없다. 20년 후면 나꼼꼼 씨의 나이도 55세가 된다. 부부의 태아까지 보장받을 수 있는 어린이보험에 가입하는 조건으로, 30년 보장 그리고 20년 동안만 납입하는 조건의 보험을 찾아봤다. 이런 조건의 상품들은 대부분 손해보험사들이 판매하고 있었다.

나꼼꼼 씨가 본인 보험을 선택할 때 가장 먼저 본 기준은 동일 보장에 보험료가 얼마나 저렴한가였다. 그러나 자녀에게 선물하는 어린이보험의 기준은 조금 달랐다. 자녀가 아프거나 다치면, 보험사에 직접 보험금을 청구하는 등의 일에는 온전히 신경 쓰지 못할 것 같았다. 보통 아빠, 엄마들이 그렇다. 본인보다 자녀가 아플 때 더 정신없다. 그래서 보험료가 저렴한 소형 보험사를 중심으로 선택하는 것보다 지급률과 인지도가 높은 보험사를 택하기로 했다.

이런 기준은 한 지인의 설명 때문이었다. 그 지인은 자녀 보험을 두 개 들었다고 밝혔다. 자녀가 질병에 노출되었는데 한 보험사는 즉시 지급하고, 또 한 보험사는 지급을 차일피일 미루더니 결국 지급할 수 없다는 통보를 해왔다고 말했다. 결국 금융감독원 등에 민원을 넣어 해결했지만, 그동안의 과정에서 심한 속앓이를 겪을 수밖에 없었다. 문제가 해결되자 약관에 명시되어 있는 어린이보험 보장 내용에 대해 괜히 트집을 잡고 지급을 미루는 보험사는 즉시 해지했다.

면역력이 약한 어린이는 질병에도 자주 노출되고 사고도 많이 발생해 다칠 확률도 높다. 그런데 의사 소견도 애매한 부분이 있어서 이를 어떻게 해석하는가에 따라 몇 백만 원에서 천만 원 이상 보장금액이 차이날 수도 있다. 의사 소견을 해석하는 데 있어 어떤 보험사는 소비자에게 좀 더 유리한 쪽으로 해석하고, 또 어떤 보험사는 그 반대이기도 하다. 물론 소비자에게 유리한 쪽으로 해석하는 보험사의 보장 범위가 일반적으로 넓기 때문에 보험료가 조금 높다.

나꼼꼼 씨는 지인의 사례를 듣고 우리나라 어린이보험 중 가장 많은 사람이 가입한다는 H손보와 업계 1위인 S손보 중에서 선택하기로 했다. 손해보험사의 어린이보험은 매우 복잡하다. 손해보험사 상품의 특징은 생명보험사의 것과 달리 주계약이 작다. 대신 많

어린이보험 보험료 비교

	S손보	H손보
실손의료보험료	약 2만 2천 원	약 2만 2천 원
태아 특약	약 6천 원	약 7,500원
엄마의 상해사망 담보(주계약)	약 2천 원	해당 없음
보험료(월)	약 3만 원	약 2만 9,500원
특징		태아 특약으로 신생아장해출생 진단금 1천만 원 보상

※ 출처: 2016년 1월 각사 홈페이지 참조

은 특약의 조합으로 이뤄진다. 특약은 적게는 50개에서 많게는 80개 이상이었다. 이 중에서 꼭 필요한 특약을 찾아 가입하면 된다.

특약이 너무 많아 선택의 어려움이 있었다. 결국 전문가인 설계사에게 문의하니 어린이보험의 경우도 대부분의 질병과 사고로 인한 의료비는 실손의료보험에서 보상이 된다는 답변을 들었다. 실손의료보험은 반드시 포함해야 한다는 의미다. 또 선천적 질병에 노출될 경우 부모인 나꼼꼼, 전현명 씨 부부의 가슴이 아픈 것은 물론 의료비로 적지 않은 재정적 부담도 발생한다. 현재 30세인 전현명 씨는 고령 출산에 포함되지는 않지만, 최근 고령 출산 증가와 환경 문제 등으로 선천적 질병도 증가하는 추세다. 따라서 선천적 질병을 보장하는 태아 특약도 반드시 가입해야 한다는 조언을 들었다. 나꼼꼼 씨는 어린이보험 중에서 실손의료보험을 30세 만기로 보장받는 것과 태아 특약만 가입한다는 조건으로 가입을 결정했다.

우선, S손보의 경우 아직 태어나지 않은 자녀의 실손의료보험료는 약 2만 2천 원이었다. 그리고 선천성 질환을 보장받기 위한 태아 특약은 약 6천 원으로, 매월 납입해야 하는 보험료는 2만 8천 원 수준이다. 다만 주계약인 엄마의 상해사망 담보를 반드시 넣어야 한다. 그래도 3만 원이면 가입이 가능했다.

H손보사 실손의료보험료도 2만 2천 원이었다. 선천성 질환을 대비한 태아 특약은 약 7,500원이었고, 매월 납입해야 하는 보험료는 2만 9,500원이었다. 거의 차이가 발생하지 않는다. 다만 조금 세부적으로 살펴보니 실손의료보험의 보장 내용은 동일했지만 태아 특약이 달랐다. S손보사에서 보장하지 않는 신생아장해출생진단금을 1천만 원 보상하는 등 세부 특약 내용이 더 좋았다.

나꼼꼼 씨는 결국 H손보에 자녀 보험을 들기로 결정했다. 태아 보험은 나꼼꼼 씨와 전현명 씨 부부가 가입한 상품과 달리 특약의 보장 범위와 금액에서 큰 차이가 발생했지만, 가성비가 좋다는 생각이 들었기 때문이다.

좀 더 꼼꼼히 비교하고
보험에 가입하자

이제 나꼼꼼, 전현명 씨 가족은 보장 자산을 충분히 만들었다. 웬만한 사고나 질병에도 재정적인 어려움이 발생하지는 않을 것 같았다. 그것도 가장 비싼 종신보험 하나 가입할 돈으로 똑같은 보장의 종신보험에 가입한 것은 물론 실손의료보험, 암보험, 3대질병보험에 태어날 자녀를 위한 보험까지 마련했다.

같은 보험, 비슷한 보장인데 이렇게 보험료 차이가 많이 발생하리라곤 나꼼꼼 씨는 전혀 생각하지 못했다. 맨 처음 종신보험을 알아볼 때 비교해본 것이 계기가 되어 꼼꼼히 알아본 결과 정말 많은 보험료를 아낄 수 있었다. 그런데 보장이 줄어든 것은커녕 오히려 더 커졌다.

나꼼꼼 씨가 보험에 대해 파악하면서 수많은 보험 기사를 보니, 보험산업은 요즘 들어서야 상품을 서로 비교해 가입하는 분위기가 조성되고 있었다. 하지만 여러 기사나 블로그를 살펴봐도 나꼼꼼 씨가 한 것처럼 세밀하게 비교해놓은 자료는 거의 찾아볼 수 없었다.

나꼼꼼 씨는 가입한 주요 보험을 파악하는 것에서 그치지 않고 최근 신개념 상품들에 대해서도 궁금증이 생겼다. 정말 현명하게 보험 가입을 하려면 어떤 것들을 파악해야 할지 모든 것이 궁금해진 것이다. 태어나기 전부터 가입해 죽을 때까지 유지하는 보험. 과연 어떤 상품에, 어떻게, 또 얼마나 가입하는 게 현명할까.

| 2부 |

보험에도
우선순위가 있다

보험에도 우선순위가 있다

보험 가입도
순서가 있다

중요하지 않은 보험은 없다. 그러나 소득은 한정되어 있다. 보험도 꼭 필요한 상품을 중심으로 우선순위를 정해 가입해야 한다. 이것이 바로 보험 짠테크의 정석이다. 개인의 재정적 상황 및 가족력 등에 따라 어떤 보험부터 가입할 것인지 신중히 선택해야 한다. 다행히 일반적으로 가입해야 하는 우선순위 보험이 있다.

보험에 처음으로 가입하는 시기는 사회에 나와 처음으로 소득이 생기면서부터다. 대부분의 사람들은 20대 초반에서 30대 초반 사이 사회초년생 때 처음으로 보험에 가입한다. 보통은 젊을수록 건강하다. 질병에 노출되어 병원을 찾는 일이 거의 없다. 청년 시절 병원을 찾는 경우는 대부분 사고로 다쳤을 때다. 실손의료보험이나 건강보험 등 보험료가 저렴하나 실제 의료비를 보장하는 상품이 바로 첫 번째로 가입해야 할 상품이다. 또 운전면허를 따고 자동

차를 사면 의무보험인 자동차보험에 반드시 가입해야 한다. 운전자보험 가입 여부도 고려해야 한다.

30대에는 대부분 결혼을 한다. 결혼을 하면 가족이 생긴 만큼 책임감도 무거워진다. 책임감이 무거워진 만큼 보험 가입 고민도 깊어진다. 가족을 남겨두고 사망할 경우를 대비해 종신보험이나 정기보험을 알아봐야 한다. 자녀를 잉태하면 태아보험이나 어린이보험 가입을 준비해야 한다. 연금보험 가입 여부 등에 대한 고민도 슬슬 해야 한다. 30대 중반에서 후반으로 넘어가는 시기에는 체력이 급격히 저하되는 것을 느낀다. 특히 운동이 부족한 사무직이며, 스트레스로 술이나 흡연을 많이 하는 사람일수록 체력 저하를 실감한다. 청년 시절 감기 한 번 걸리지 않던 건강체질의 사람도 환절기마다 찾아오는 감기라는 불청객 때문에 고생을 겪기 일쑤고, 잠을 충분히 자도 쉬이 피로가 풀리지 않는다. 체력 저하로 인해 암보험이나 3대질병보험 등 건강보험에 관심을 갖게 된다.

40대로 접어들면 가처분소득이 많아진다. 생활비를 지출하고도 저축이나 투자를 할 여유 자금이 생긴다. 따라서 노후를 대비해 연금보험이나 목돈 마련을 위한 변액적립보험 등에 관심을 갖는 시기다.

50대로 접어들면 실손의료보험, 종신보험 또는 정기보험, 건강보험 등 주요 보험에 대부분 가입되어 있어야 한다. 다만 아직까지 연금보험을 준비하지 않았다면 10년 이상 투자할 목적으로 연금보험에 꼭 가입해야 한다. 만약 사업이 잘 되는 등 소득이 많아 세금을 걱정해야 할 정도라면 일시납즉시연금 등 저축성보험이나 고액의 종신보험 가입도 고려해야 한다.

60대 이후에는 실질적으로 가입할 수 있는 보험이 거의 없다. 다만 최근 고령자와 당뇨병 · 고혈압 · 고지혈증 등의 만성질환 환자도 가입할 수 있는 간편심사 보험이 출시됐다. 이런 상품에 가입해 건강에 대한 보장 자산을 일부 마련하는 것도 현명하다.

이제부터 보험 가입 우선순위에 맞춰 각각의 보험 특징을 파악하는 동시에 그것이 과연 가성비가 좋은 보험인지 확인할 수 있는 방법에 대해 알아보자.

보험 가입의 시작은
실손의료보험부터.

우리나라 사람들이 가장 많이 가입한 보험은 바로 실손의료보험이다. 무려 3천만 명 이상이 가입되어 있다. 전체 인구가 약 5천만 명, 그중에서 20대 이하가 약 1,200만 명, 65세 이상이 약 6백만 명이다. 즉 아직 가입 연령이 되지 않은 청소년들과 보험료가 너무 비싸 가입을 못 하는 노인을 빼고는 대부분의 사람들이 가입한 상품이 바로 실손의료보험이다. 그만큼 반드시 필요한 상품이라는 의미이기도 하다.

우리나라 사람은 태어나서 죽기까지 1인당 평균 약 1억 원의 의료비를 지출한다. 실손의료보험은 이러한 의료비 부담을 덜고자 가입하는 상품이다. 실손의료보험을 올바르게 이해하기 위해서는 다음 몇 가지 용어들에 대한 명확한 이해가 필요하다. 첫 번째로 알아야 할 것이 바로 '정액 보상'★과 '실비 보상'★★의 차이점이다.

정액 보상은 말 그대로 정해진 금액을 보상한다. 일반적으로 암보험은 암 확진시 진단금을 정액 보장한다. 가입금액 5천만 원의

★ **정액 보상**
가입 당시 정해진 금액을 보상한다는 의미다. 일반적으로 생명보험 상품은 정액 보상을 기본으로 한다. 어떤 질병이나 사고가 발생하면, 가입 당시 계약 내용에 근거해 정해진 보험금을 지급한다. 이 정해진 보험금은 만기까지 변동 사항이 없다.

암 보험을 가입한 보험 대상자가 암 확진 판정을 받으면, 암을 치료하기 위한 의료비 지출이 1백만 원이 발생했든 1억 원이 들었든 이와 상관없이 보험사는 가입할 당시 보험금 지급을 약속한 금액 5천만 원을 지급한다.

대부분의 인보험, 즉 사람이 죽거나 병에 걸리고 또 사고로 다칠 때를 대비해 가입하는 보험은 정액 보장을 하는 것이 대부분이다. 반면 실손의료보험은 질병이나 다칠 때를 대비해서 가입하는 인보험인데도 정액 보상이 아닌 실비 보상을 한다. 실비 보상이란 실제 손해가 발생한 부분을 보상한다는 의미다. 실손의료보험은 보험 대상자가 치료의 목적으로 지불한 의료비를 보상한다. 다만, 실비 보상은 정액 보상과 달리 보상 한도와 자기부담금 등이 주어진다.

정액 보상과 실비 보상은 보험에서 보상하는 사고가 발생했을 때 정해진 보험금을 지급하는가, 또는 실제 손해액을 지급하는가로 단순하게 구분한다. 하지만 이 두 보상 방법의 차이는 매우 큰 의미를 갖는다. 정액 보상의 보험금은 가입 시점에 정해지며 이는 물가상승률을 반영하지 않는다. 보험 가입 당시 5천만 원의 보험금은 10년 후나 100년 후나 동일한 금액으로 5천만 원이다. 이는 향

★★ 실비 보상

가입 당시 정해진 보험금 보상 한도만 있을 뿐 보상금액은 실제 손해액으로 산정된다. 일반적으로 손해보험 상품이 실손 보상을 기본으로 한다. 어떤 사고로 인해 가지고 있던 자산에 재정적 손실이 발생했을 경우 손해액을 산정해 이를 보상한다. 다만 일부 생명보험 상품과 실손의료보험은 실제 지출한 손해액을 근거로 실손 보상한다.

후 몇 십 년 후 현실적 물가를 반영하지 못한다는 뜻과도 같다.

하지만 실비 보상은 이와 다르다. 예를 들어 방사선 촬영 비용이 현재 3만 원이면 3만 원을 기준으로 보상하고, 20년 후 15만 원으로 검사비가 오른다고 하면 15만 원을 기준으로 보상한다. 즉 실제 비용을 보상하므로 물가를 반영하는 보상이라 말할 수 있다. 실손 보상의 경우 보상 한도가 매우 중요한 의미를 갖는다.

실손의료보험은 실비 보상의 대표적인 상품이며 가입할 때 최대한 길게 가입해야 한다. 하지만 안타깝게도 최근 금융 당국이 갱신 기간을 1년으로 정해놓았다. 아무리 길게 가입하려 해도 1년마다 자동갱신된다.

현재 가입할 수 있는 대부분의 실손의료보험은 1년 만기 자동갱신되며 15년마다 재가입해야 한다. 입원의료비에 대해 최고 5천만 원 한도로, 통원의료비에 대해서는 외래는 1회당 20만 원 한도로, 처방조제비는 1건당 10만 원 한도로 보상을 한다. 자기부담금은 입원 시엔 10% 또는 20%(한도 2백만 원)를, 통원 시에는 병원에 따라 1만 원이나 1만 5천 원 또는 2만 원을, 약제비의 경우는 8천 원으로 하고 있다. 자기부담금은 10% 또는 20%(한도 2백만 원) 등 두 가지 중에서 선택 가능하다. 물론 자기부담금이 10%인 상품이 조금 더 보험료가 높다. 그러나 의료비가 발생하면 그만큼 가입자의 부담도 적어진다. 다만 비급여 부분에 대한 자기부담금은 지난 2015년 9월 20%로 통일되었다.

자기부담금 10% 실손의료보험 가입자가 질병으로 입원해 퇴원하기까지 총 3천만 원의 병원비가 발생한 경우 자기부담금은 10%인 3백만 원이나 그 한도를 2백만 원으로 하고 있으므로, 총 병원비 중 2,800만 원(한도 5천만 원)을 보험금으로 지급받게 된다. 또 이 가입자가 다른 질병으로 동네 의원에서 진료를 받고 진료비가 1만 5천 원, 약값이 1,500원 나왔다고 가정하면 통원의료비는 자기부담금이 1만 원(의원급)으로, 이를 초과한 5천 원을 보험금으로 지급받는다. 다만 약값의 경우 8천 원을 초과한 부분이 없어 보험금을 지급받지 못한다.

이렇듯 실손의료보험은 질병에 걸려서 아프거나 사고로 다쳐 병원을 가는 경우 자기부담금을 제외한 의료비를 정해진 한도 내에서 실비 보상받는 보험이다. 기존 실손의료보험의 경우 5년 만기 갱신형 또는 3년 만기 갱신형으로 갱신 주기가 지금의 것에 비해 길었다. 그럼 지금의 1년 만기 갱신형 상품과는 어떤 차이가 있을까.

결론부터 말하자면 큰 차이가 없다. 3년 또는 5년에 한 번씩 올릴 보험료를 1년마다 조금씩 올려 가입자의 부담을 덜자는 것이 1년 만기 갱신형 상품의 가장 큰 출시 목표였다. 그럼 15년 재가입형은 어떠한 것인가? 이는 기존 실손의료보험 상품이 갖는 불합리한 점을 해결하기 위해 나온 조치다. 예를 들어 현재 한도 5천만 원에 통원의료비 30만 원(외래 20만 원, 처방조제비 10만 원)인 실손의료보험 상품에 가입했다고 하자. 이 가입자가 15년 후 재가입하려는데 보상 한도가 1억에 1백만 원인 실손의료보험 상품이 나왔다. 이를 가입자가 선택할 수 있도록 한 조치가 바로 15년 재가입형인 것이다.

이는 기존 실손의료보험을 해지하고 다시 가입하는 데 발생하는 소비자의 손실을 줄이기 위함이다. 재가입형 실손의료보험을 가입한 소비자는 15년 후 회사가 요하는 언더라이팅★(Underwriting, 보험계약자가 작성한 청약서상 내용 또는 건강진단 결과에 따라 보험 계약의 인수 여부를 판단하는 최종 심사 과정)을 통과하는 경우 더 나은 조건의 실손의료보험으로 갈아탈 수 있다. 다만 이전 보험 기간 중 질병이나 사고로 인해 언더라이팅을 통과하지 못한다 하더라도 기존 가입 조건을 유지할 수 있기 때문에 재가입이 거절되는 일은 없으므로 걱정할 필요는 없다.

실손의료보험은 3천만 명 이상이 가입했을 정도로 대중적이면서 중요한 보험인 만큼 개정도 자주 되었다. 실손의료보험은 의료비 보장의 기초가 되기 때문에 본인이 언제 가입했는지를 확인하는 게 매우 중요하다. 2003년 9월 30일 이전 가입자의 경우 총 진료비를 기준으로 보상을 했으며 또 중복 보상이 가능했다. 자동차 사고나 산재 사고 시에도 치료비를 100% 보상받았다. 이는 지금의 보상과는 매우 큰 차이점이다.

★ **언더라이팅**
보험 계약 시 계약자가 작성한 청약서상의 고지의무 내용이나 건강진단 결과 등을 토대로 보험 계약의 인수 여부를 판단하는 최종 심사 과정을 말한다. 보험사는 모든 계약을 전부 인수하지 않는다. 일부 물건이나 특정 질병을 보유하고 있는 사람의 경우 거둬들일 수 있는 보험료보다 더 많은 보험금 지급 확률이 발생한다. 다시 말해 보험사 입장에서 손실 확률이 높다. 이처럼 손실 확률이 높은 계약을 걸러내기 위해 언더라이팅, 즉 인수할 것인지, 인수를 포기할 것인지 확인하는 과정을 거친다.

2003년 10월 1일 이후에는 총 진료비 중 본인이 부담한 치료비에 대해서만 보상을 받았으며 중복 보상이 폐지되면서 비례 보상제로 바뀌었다. 또한 자동차 및 산재사고 시 발생 치료비의 50%만 보상을 받게 되었다(일반상해의료비 특약 가입 시). 다시 2009년 10월 1일 이후 실손의료보험 표준화 정책이 발표되면서 생명보험사 및 손해보험사의 약관 기준이 같아지는 등 큰 변화가 있었다. 이후 2013년 1월 1일 이후 표준형 실손의료보험으로 개정됐다. 2015년 9월에는 비급여에 대한 자기부담금을 20%로 확정한 상품만 판매되고 있다.

가장 큰 변화를 가져왔던 2009년 10월 1일 이전 가입자와 이후 가입자에 대한 실손의료보험의 보상에 대해 살펴보자. 먼저 개정 전인 2009년 9월 이전 실손의료보험은 입원의료비를 100% 보상했지만 2009년 10월 90%로 축소됐다. 개정 전 가입자는 입원 시 발생한 의료비 중 자기부담금에 대해 전액 보상받을 수 있지만 개정 후 가입자는 최소 10%의 본인부담금이 발생한다. 자기부담금 한도는 2백만 원으로, 변경되지 않았기 때문에 자기부담금이 2백만 원을 초과하면 더 이상 부담하지 않는다.

예를 들어 실손의료보험에 가입한 사람이 암으로 입원 치료를 받고 총 3천만 원의 본인 부담 입원의료비가 발생했다고 가정해보자. 계산의 편의를 위해 입원 비용 중 병실료 차액이 없다고 설정했다. 이 경우 개정 전 가입자는 3천만 원 전액 보험금을 받을 수 있지만 개정 후 가입자는 10% 자기부담금 3백만 원 중 자기부담금 최대상한액인 2백만 원을 부담해야 한다. 자기부담금 2백만 원을 초과한 1백만 원은 보상받을 수 있다. 다시 말해 2009년 10월 이전 가입자보다 2백만 원의 보상을 덜 받게 되었다는 것이다.

통원의료비의 자기부담금도 올랐다. 외래진료비의 경우 개정 전 5천 원에서 개정 후 병원에 따라서 1만 원에서~2만 원까지 증가했다. 개정 전 가입자는 5천 원만 초과하면 보상을 받을 수 있었으나 개정 후 가입자는 최소 1만 원(의원급 1만 원, 병원급 1만 5천 원, 종합전문요양기관 2만 원)을 초과해야 보상을 받을 수 있다.

통원의료비 산정 기준도 달라졌다. 개정 전 가입자의 경우 통원 시 발생하는 병원비와 약값을 합산해 5천 원을 초과하면 청구할 수 있었는데, 이후 가입자는 이를 합산할 수 없으며 병원비는 최소 1만 원, 약값은 최소 8천 원을 초과해야 보상을 받을 수 있게 됐다.

예를 들어 실손의료보험 가입자가 다치거나 아파서 의원급 병원에 가서 치료를 받고 약 처방을 받아 병원비가 1만 원, 약값이 8천 원 나왔다. 개정 전 가입자는 1만 8천 원에서 5천 원을 초과한 부분인 1만 3천 원의 보상이 가능했다. 하지만 개정 후 가입자는 병원비 및 약값 모두 자기부담금 한도를 초과하지 못해 청구가 불가능하다.

이외에도 세밀한 부분에서 변화가 있었다. 입원의료비 중 한방치료도 전액 보상이었지만 비급여 부분에 대해서는 보상받지 못하게 되었으며, 해외에서 입원을 통해 진료를 받으면 개정 전에는 40% 보상을 받았지만 개정 후에는 받을 수 없게 되었다. 상해로 인해 치과 치료를 받을 때도 개정 전에는 보상했지만 개정 후에는 보상되지 않는다.

하지만 무조건 나빠진 것은 아니다. 치질과 같은 항문 질환이 일부 보상되며, 통원 보상 한도도 이전에는 1년에 30일 한도로 보상을 받았지만 개정 후에는 180회로 확대됐다. 치과 치료도 급여 부분에 대해서는 보상하는 것으로 바뀌었다.

종합하자면 실손의료보험은 처음 도입되었을 때보다 몇 번의 개정을 거치면서 보상을 받기 더 까다로워진 것이다. 만약 2009년 개정 이전 상품을 아직 유지하고 있다면 가급적 오랜 기간 유지하는 게 현명하다.

실손의료보험에서 교통사고도 보상받을 수 있다

실손의료보험은 질병이 생기거나 다쳐서 병원 신세를 지게 되면 거의 대부분 보상을 받을 수 있다. 보상에서 제외되는 것 중 하나가 바로 교통사고다. 보험설계사들도 대부분 자동차보험이나 운전자보험에서 보상하기 때문에 교통사고로 다쳤을 때에는 실손의료보험에서 보상받기가 쉽지 않다고 얘기한다. 잘못된 정보다.

실손의료보험 가입자 중 대다수는 일반상해의료비 담보를 가지고 있다. 이 담보에 가입되어 있다면 교통사고도 일부 보상받을 수 있다. 일반상해의료비 담보 가입자라면 보험금 추가 수령이 가능하다. 실손의료보험 가입담보 중 일반상해의료비 담보를 가지고 있는 독자라면 지금으로부터 2년 이내 교통사고를 당한 사실이 있는지 기억을 더듬어보자.

2년이란 기간은 실손의료보험 가입자가 보험을 청구할 수 있는 최고 기간이다. 즉 실손의료보험에서 보험금 청구는 사고일로부터 2년 이내다. 일반상해의료비는 교통사고(산재사고) 시 50% 중복 보상을 해준다. 즉 보험금을 더 받을 수 있다.

우리가 교통사고를 당하게 되면 교통사고 접수번호만 가지고 병원에 간다. 가해자든 피해자든 보험사가 보상 일체를 책임지기 때문에 병원비가 얼마인지 신경 쓰지 않으며 실손의료보험에서 중복 보상이 되리라 생각하지도 못한다. 담당 설계사에게 연락도 하지 않는 경우가 많다.

하지만 교통사고 처리 후 보상 처리 담당자에게 '지급조서'를 보내달라 하면 해당 사고로 병원비가 얼마나 지급이 되었는지 확인할 수 있다. 일반상해의료비 담보를 가입한 자가 이를 청구하게 되면 해당 병원비의 50%를 중복으로 지급받을 수 있다.

또한 일반상해의료비는 입원과 통원을 구분하지 않으며 자기부담금이 없다. 뿐만 아니라 한방 치료에 대해서도 자기부담금 없이 보상이 가능하다. 예를 들어 계단에서 넘어지는 사고로 무릎을 다쳐 정형외과에 내원, X선 검사(당일 외래진료비 2만 5천 원)를 하고 물리치료(1만 5천 원)를 받았다. 며칠간 지켜보는 과정에서 차도가 없고 통증이 심해 종합병원에 내원 MRI 검사(45만 원)를 하고 혈관주사(20만 원)를 맞았다. 그리고 직장 근처 한의원으로 옮겨 침 치료(10회, 1회당 5천 원)를 받았다 가정해보자. 만일 위 치료비가 일반상해의료비 가입금액 한도(가입자에 따라 1백만 원에서 최고 1천만 원까지 가입) 내라면 모든 치료비에 대해 보상을 받을 수 있다.

실손의료보험 가입자의 대부분은 상해입원의료비와 상해통원의료비 특약을 가지고 있다. 입원과 통원 시 보상받을 수 있는 보험금이 구분되어 있다. 가입자의 대부분은 통원치료 시 1일 10만 원에서 30만 원 한도로 보상받을 수 있다. 일반상해의료비(한도 1천만 원) 담보를 가입한 사람이 위와 같은 치료를 받는 경우 총 치료 비용 75만 원(사고 당일 4만 원, 두 번째 날 65만 원, 10일간 5천 원씩 총 5만 원) 전액을 보상받을 수 있다. 다만 상해통원의료비 담보를 가입한 고객은 예외다.

요컨대 2년 이내 교통사고로 치료를 받은 경험이 있다면 무조건 담당 설계사에게 연락을 해보는 것이 현명하다. 가입자가 예상하지 못했던 보험금을 추가로 수령할 수도 있다. 이처럼 보험도 제대로 알면 얼마든지 짠테크가 가능하다. 안타까운 점이 있다면 위의 내용은 보험설계사들도 대부분 세부적으로는 잘 모르는 내용이라는 것이다.

실손의료보험의 개정과 함께 일반상해의료비 담보에 대한 설명을 자세히 설명한 이유는 실손의료보험이 그만큼 중요하다는 점이 첫 번째이며, 다른 보험들도 사실 시간이 지나면서 보험소비자에게 돌아가는 혜택이 조금씩 줄어들도록 개정되고 있다는 점이 두 번째다. 그리고 보험 담보와 함께 보상을 제대로 받기 위해서는 상품의 특성을 면밀히 알아야 한다는 점을 강조하고 싶어서다.

앞서 얘기한 것처럼 실손의료보험은 가입 우선순위에서 가장 첫 번째로 꼽히는 상품이다. 이런 실손의료보험도 제대로 파악하지 못한 설계사에게 다른 보험을 맡기는 것은 신중해야 함은 굳이 강조하지 않아도 알 것이다.

작은 차이로 엄청난
'보상 차이'가 발생하는 자동차보험

20대 대부분은 운전면허증을 딴다. 면허를 획득하고 나면 부모님 소유의 차를 운전하거나 직접 운전하기 위해 자동차를 계약하는 사람도 많다. 운전면허를 따고 자동차를 구매하면 필수적으로 자동차보험에 가입해야 하며, 운전자보험 가입도 고려해야 한다.

실손의료보험은 의무보험은 아니지만 보상 범위가 넓어 꼭 필요한 보험이라면, 자동차보험은 자동차를 구매하면 무조건 가입해야 한다. 그러나 자동차보험도 속속들이 알고 있는 사람은 많지 않다.

자동차보험은 많은 사람들이 익숙하다고 생각한다. 자동차 소유주는 무조건 가입해야 하는 의무보험이기 때문이다. 익숙한 자동차보험이라 해도 세부적인 내용까지 알고 있는 사람은 사실 별로 없다. 그러나 어떤 담보에서 어떻게 보장되는지 알아야 한다. 사고

시 작은 차이로 엄청난 보상 차이가 발생하기 때문이다.

자동차보험은 '자동차손해배상보장법'에 따라 차를 가지고 있는 소유자가 의무 가입하는 책임보험과 임의 가입하는 종합보험으로 나뉜다. 책임보험은 사고로 다른 사람을 다치게 하거나 사망하게 한 경우를 보상하는 대인배상과 자동차 사고로 다른 사람의 차량이나 재물을 파손한 경우 배상하는 대물배상 2가지를 말한다. 대인배상은 사망이나 후유장해 시 최고 1억 원을 보상하고 부상의 경우 최고 2천만 원을 보상한다. 대물은 최저 1천만 원을 보상한다.

대인배상은 다시 대인배상Ⅰ, 대인배상Ⅱ로 구분된다. 대인배상Ⅰ은 책임보험으로 자동차 사고로 다른 사람을 다치게 하거나 사망하게 한 경우 보상한다. 대인배상Ⅱ는 대인배상에서 지급되는 금액을 초과하는 범위를 무한대까지 보장한다.

대물배상은 자동차 사고로 다른 사람의 차량이나 재물을 파손한 경우 이를 배상해주는 담보다. 최고 10억 원 이상 선택 가입할 수 있다. 대인배상이 Ⅰ, Ⅱ로 구분되어 있는 것과 달리 하나의 담보로 보상한다. 최근 고급 수입차 증가로 가입금액을 2억 원 이상으로 하는 경우가 많다.

흔히 '자차'라고 부르는 '자기차량손해담보'도 있다. 가입자의 자동차에 직접적으로 생긴 손해를 보상한다. 이 경우 통상 자동차에 장착되어 있는 부속품과 부속기계장치를 같이 보상한다. 다만 자연적으로 발생하는 부식이나 마멸, 흠 등은 보상하지 않고 도난으로 인한 손해도 보상하지 않는다.

자손(자기신체사고)과 자상(자동차상해)의 보상 비교
(자배법상 12급에 해당하는 부상을 입은 경우)

구분	자손을 가입한 경우	자상을 가입한 경우	비교 상세
치료비	60만 원	1백만 원	– 자손: (보험 가입금액이 1,500만 원인 경우) 12급 부상의 보상 한도 60만 원 – 자상: (보험 가입금액이 부상한도 2천만 원인 경우) 상해등급과 상관없이 2천만 원을 한도로 치료비 전액 보상
휴업손해		37만 3,360원	휴업 기간에 따른 수입 감소액의 80% 2,000,150 / 30일 * 7일 * 80%
위자료	보상하지 않음	15만 원	12급 부상위자료 1인당 15만원
기타 손배금		5만 6천 원	통원치료일당 1일 8천 원씩 지급 8,000원 * 7일
합계	60만 원	약 158만 원	총 979,360원의 차액 발생

자차의 물적할증(교통사고가 발생해 보험 처리를 한 뒤 다음 해 갱신에서 보험료가 할증되는 것) 기준은 최소 50만 원에서 최고 2백만 원까지 50만 원 단위로 4단계를 설정할 수 있다. 자차 금액이 적을수록 보험료도 낮아진다. 최근 수입차 증가와 차량 가격 상승으로 자차 기준 금액은 2백만 원이다. 차량가액이 1,243만 원인 YF소나타 2011년식 그리고 41세 남자가 1인 한정으로 할인할증 등급 14Z이며 3년 무사고, 7년 이상 보험 경력자라 해보자. 대인 무한, 대물 2억 원, 자손 최대 1억 원(부상 3천만 원), 무보험차상해 2억 원으로 설계사를 통해 가입했을 시 자차 물적할증 기준금액 50만 원인 경우 보험료는 48만 5,040원이다. 그리고 물적할증 기준금액 2백만 원인 경우 53만 1,080원으로 약 4만 6,040원의 차이가 발생한다.

사람들이 가장 헷갈리는 것 중 하나가 자기신체사고와 자동차상해담보다. 자동차 사고로 가입자가 사망하거나 다친 경우 보상하는 담보라는 점은 같지만 보상 기준에서 큰 차이를 보인다. 단도직입적으로 말하면 자동차상해담보를 가입하는 것이 현명하다.

교통사고로 12급에 해당하는 상해를 입고 7일간 병원에 입원하고 이후 7일간 통원치료를 받았다. 각종 검사 비용을 포함한 총 치료비가 백만 원이 발생했으며, 입원 기간 중 일을 하지 못했다. 피해자의 월 소득은 2백만 150원(2016년 1월 1일부터 8월 31일까지 적용되는 일용근로자 소득)이다.

흔히 '자손'이라고 부르는 자기신체사고는 치료비만 보상을 받을 수 있다. 반면 '자상'이라고 부르는 자동차상해담보는 치료비는 물론 위자료, 휴업손해(회사를 다니지 못하거나 휴업 등 일을 하지 못해 입은 손해), 기타손배금(통원치료에 따른 정액 교통비, 식대 차액 등) 등의 간접손해(합의금)도 보상이 가능하다.

또한 자손의 경우 등급별 한도가 있어 이를 초과하는 치료비는 보상이 불가능하다. 반면 자상은 상해 등급이 정해져 있지 않아 가입한도 내라면 충분한 보상이 가능하다. 예를 들어 A씨가 B씨를 태우고 운행 중 앞차를 들이받아 100% 가해로 사고를 냈다. A씨는 안전벨트를 착용하지 않아 흉부와 어깨 그리고 손목에 부상을 입고 2주간 입원 후 2주간 통원치료를 받았다. 동승자 B씨도 안전벨트 미착용으로 2주간 입원 후 1주간 통원치료를 받았다. 운전자 A씨의 병원비는 380만 원, 동승자 B씨는 220만 원의 병원비가 발생했다. A씨와 B씨의 부상급수는 모두 8급이었다.

자손의 경우 휴업손해나 위자료 보상이 불가능하고 동승자에 대한 보상도 안 된다. 부상급수별로 한도가 있어 실제 치료비 전액을 보상받지도 못한다. 반면 자상의 경우 안전벨트 미착용에 대한 감액 없이 무과실 기준으로 전액 치료비 보상을 받을 수 있으며, 휴업손해와 위자료 및 기타 손해배상금도 받을 수 있다. 자동차보험 가입 시 자상으로 부상 치료비 한도 3천만 원에, 사망이나 후유장애 보상 한도 1억 원을 선택하면, 같은 한도의 자손담보보다 2만 7천원 정도 보험료가 비싸다. 그러나 만약의 사고에 폭 넓은 보상을 받기 위해서는 자상으로 가입하는 것이 현명하다.

남의 차 운전하다 사고를 내고 말았다! 보상은?

가끔 남의 차를 운전할 때가 있다. 명절이나 휴가로 인해 장거리 여행을 할 때 차주의 졸음이나 음주로 인해 부득이하게 운전하는 경우가 대부분이다. 아무래도 자기 자동차가 아니다 보니 운전 중 실수가 사고로 이어지는 경우가 종종 있다. 이렇게 남의 자동차를 몰다 사고를 내는 경우 내가 가입한 자동차보험에서 '다른 자동차 운전담보' 특약으로 보상받을 수 있다. 일명 '남의 차 특약'이다.

이 특약은 '무보험자동차에 의한 상해' 특약을 가입하는 경우 통상 자동(일부 회사는 추가 가입)으로 가입되는 특약으로 자동차보험

피보험자 자동차 운전 가능 차량

피보험자 자동차	운전 가능 차량
일반승용	일반승용, 다인승승용, 경화물, 4종화물, 경승합
다인승승용	일반승용, 다인승승용, 경화물, 4종화물, 경승합, 3종승합
경화물	일반승용, 다인승승용, 경화물, 4종화물, 경승합
4종화물	일반승용, 다인승승용, 경화물, 4종화물, 경승합
경승합	일반승용, 다인승승용, 경화물, 4종화물, 경승합
3종화물	3종승합, 다인승승용

가입자가 다른 자동차를 운전하다 낸 사고에 대해서 보상을 해준다. 보상 내용은 가입한 자동차보험의 보상 내용을 기준으로 대인, 대물, 자손(또는 자상) 보상 기준에 따른다. 즉 다른 자동차를 운전하던 중 사고가 나더라도 상대방 및 상대방의 차량 그리고 내가 운전한 차량에 탑승한 사람에 대해서 내가 가입한 보험에서 보상이 가능하다. 다만 이 특약에서 몇 가지 주의해야 할 점이 있다.

첫째, 동일한 범위의 다른 자동차를 운전하는 경우만 보상이 가능하다는 것이다. 다시 말해, 피보험자의 자동차가 일반승용차일 경우 운전 가능 자동차의 범위는 일반승용, 다인승승용, 경화물, 4종화물, 경승합으로 만일 3종승합 차량을 운전하는 경우는 보상이 불가능하다.

일반승용은 흔히 볼 수 있는 세단을 생각하면 된다. 다인승승용은 승차 정원이 7인 이상 10인 이하인 자동차다. 경승합은 승차 정원이 10인 이하이면서 배기량이 800cc 미만인 차를 말한다. 3종승합은 11인승 이상 16인승 이하의 자동차다. 경화물은 화물차 중에서 적재정량 1톤 이하이면서 배기량이 800cc 이하인 차량이며, 4종화물은 적재정량이 1톤 이하인 차다.

둘째, 피보험자의 부모, 배우자 및 자녀가 소유한 차량은 다른 자동차에 해당이 되지 않는다.

셋째, 본인 소유의 차가 여러 대 있는데 그중 한 대만 이 특약에 가입되어 있고 다른 차는 가입이 되어 있지 않은 경우, 가입이 되어 있지 않은 자동차를 몰다 사고가 나는 경우 보상하지 않는다.

넷째, 대리운전 기사가 다른 자동차 운전담보를 가입하고 운전(영업중)하다가 사고가 날 경우에도 보상하지 않는다.

다섯째, 내가 운전한 차량의 손해에 대해서는 보상하지 않는다. 다시 말해 내가 운전한 타인의 자기차량 손해는 보상이 불가하다

🌂TIPS　　　　'다른 자동차 운전담보 특약'이 보상하지 않는 사고

1. 주차 또는 정차 중에 발생한 사고
2. 보험 가입자가 근무하는 회사 또는 대표자가 소유한 차량 운전 시
3. 보험 가입자가 자동차를 취급하는 업종에 종사하면서 수탁받은 자동차를 운전하다 일으킨 사고
4. 보험 가입자가 요금 또는 대가를 지불하고 빌린 자동차를 운전하다가 일으킨 사고
5. 다른 자동차의 소유자나 관리자로부터 허락을 받지 않고 운전하다가 일으킨 사고
6. 자동차 경기를 위한 연습용으로 다른 자동차를 사용하던 중 상해를 입은 때

는 것이다. 이를 보완하기 위해서는 '다른 자동차 차량 손해 지원' 특약에 가입해야 한다.

　빵소니 사고를 당해 억울하지만 보상을 받지 못할 수도 있다. 빵소니는 단지 사고를 낸 사람이 도주하는 경우만 해당하는 것이 아니라 보험을 가입하지 않거나 일부 보험만 가입하는 경우도 이에 해당한다. 오토바이의 경우 책임보험만 가입하는 경우가 많아 사고 발생 시 보상 문제가 자주 발생한다.

　이럴 경우를 대비해 '무보험자동차에 의한 상해' 특약에 가입해야 한다. 무보험 차량이란 자동차보험에 가입되어 있지 않았거나 사고 후 도주로 인해 차량 확인이 불가한 경우 또는 책임보험 등의 가입만으로 보상 한도가 극히 적은 경우를 말한다. 무보험 차량에 의한 사고로 충분한 보상이 불가한 억울한 경우에 필요한 담보다. 본인이 가입한 자동차보험에서 1인당 보험증권에 기재된 보험 가입금액 한도 내에서 실제 손해액(대인배상 I 을 초과하는 손해를 보상하며 자기신체사고에서 지급되는 금액 공제)을 보상한다. 이 담보의 요건은 차량 탑승 중만이 아니라 보행 중도 성립되며 본인뿐 아니라 가족까지도 보상 대상이 된다. 다만 탑승 중과 보행 중 보험 대상자의 범위는 조금 다르다.

　먼저 보험 가입 시 피보험자 및 피보험자의 배우자 그리고 피보험자 또는 그 배우자의 부모 및 자녀까지는 탑승 여부를 불문하고 보상 대상이 된다. 1인 한정으로 자동차보험을 가입한 경우 나를 기준으로 나와 배우자 그리고 나의 부모, 자녀, 장인·장모가 대상이 된다.

자동차에 탑승 중인 경우에는 기명 피보험자의 승낙을 얻어 피보험자동차를 사용 관리 중인 자 또는 기명 피보험자 및 배우자 그리고 기명 피보험자의 승낙을 얻어 피보험자동차를 사용 관리중인 자를 위해 피보험자동차를 운전 중인 자도 해당이 된다. 하지만 다음과 같은 경우에는 보상하지 않는다.

첫 번째로 영리를 목적으로 요금이나 대가를 받고 피보험자동차를 반복적으로 사용하거나 빌려준 때에 발생한 손해에 대해서다. 예를 들어 피보험자가 피보험자동차가 아닌 자동차를 영리를 목적으로 요금이나 대가를 받고 운전하던 중 생긴 손해도 보상하지 않는다. 전자의 경우는 내 차를 대가를 받고 빌려준 경우이며, 후자는 본인이 타인의 차를 대가를 받고 운전한 경우다.

두 번째로 상해를 입은 피보험자의 부모, 배우자 또는 자녀가 사고를 낸 경우다.

세 번째는 피보험자가 사용자의 업무에 종사하고 있을 때 사용자 또는 사용자의 업무에 종사 중인 다른 사용자가 사고를 낸 경우도 보상하지 않는다. 즉 동일 업무 종사자 간의 무보험차 상해 사고는 보상하지 않는다는 것이다.

네 번째로 시험용, 경기용 또는 경기를 위한 연습용으로 사용하던 중 생긴 손해에 대해서는 보상하지 않는다. 다행인 것은 운전면허시험을 위한 도로주행시험용으로 사용하던 중 생긴 손해는 보상을 한다.

'무보험자동차에 의한 상해' 특약에 가입하기 위해서는 대인배상Ⅰ·대인배상Ⅱ, 대물배상, 자기신체사고(또는 자동차상해) 특약에 모두 가입되어 있어야 한다. 우리가 자동차보험을 가입하는 경우 위 열거된 4가지 담보를 가입하는 것이 일반적이다. 이러한 경우 '무보험자동차에 의한 상해' 특약의 가입과 더불어 '다른 자동차 운전담보' 특약의 구성 여부를 확인하고 '다른 자동차 차량 손해' 특약을 같이 가입하기를 권한다. 이는 다른 자동차 운전에 있어 혹시 발생할 수 있는 사고를 가장 효율적으로 경감시키는 방법이기 때문이다.

실생활 깊숙이 자리 잡고 있는 보험인 실손의료보험과 자동차보험만 해도 이처럼 복잡하다. 더 쉽게 풀어낼 수 있지만 실손의료보험과 자동차보험은 의도적으로 어렵게 풀어낸 측면도 있다. 우리가 잘 알고 있을 것이라고 생각한 보험조차 사실 모르는 것들이 대부분이라는 점을 강조하고 싶었기 때문이다. 또 실손의료보험과 자동차보험은 대부분의 보험사들이 판매하고 있지만 사실상 상품이 거의 동일하다. 특정 담보들과 보험료만 비교하고 가입하면 되는 수준이다.

자동차보험 특약으로
'짠테크' 하기

자동차보험은 피해자 및 자동차에 대한 보장이 중심이기 때문에 교통사고 발생 시 운전자의 신체적, 행정적, 법률적인 부분에 대한 피해에는 취약하다. 운전자가 피해자가 아닌 가해자라면 더 심각해질 수 있다. 특히 중과실(신호 위반, 앞지르기, 속도 위반 등) 사고는 운전자보험에 가입되어 있지 않다면 수습이 어렵다.

운전자보험은 교통사고 발생 시 자동차보험에서 처리할 수 없는 형사상, 행정적으로 발생하는 책임에 대해 보상해주는 보험이다. 법원에서 벌금형을 선고받고 벌금을 지불해야 할 때도 최고 2천만 원 한도 내에서 벌금액까지 보장해주며 구속영장에 의한 공소, 변호사 선임비 등도 보장한다. 사고 발생 위로금을 지급하기도 한다.

운전자보험에 가입할 때는 변호사 선임 등 법률 방어 비용이 큰 상품을 선택해야 한다. 또한 형사적인 책임에 대해 담보 비용이 큰 상품을 선택하는 것이 유리하다. 부가서비스도 폭넓은 상품이 좋다. 자동차 사고 발생 시 교통사고 처리 비용, 견인 비용, 면허정지 또는 면허취소 위로금 등이 충분히 지급되는지 확인해야 사고 발생 시 추가적인 비용 부담을 덜 수 있다.

운전자보험은 한마디로 자동차보험에서 보장이 부족한 부분을 채워주는 역할을 한다. 자동차보험은 자동차를 중심으로 내가 아닌 상대방을 중심으로 보상하는 데 반해 운전자보험은 철저히 가입자 위주로 보상하는 상품이다.

그러나 굳이 운전자보험에 따로 가입할 필요는 없다. 자동차보험 특약을 통해 운전자보험에서 보장하는 형사합의금이나 벌금 등을 대부분 채울 수 있기 때문이다. 또 자동차보험 특약에 운전자보험에서 보상하는 담보를 넣으면, 운전자보험에 따로 가입하는 것보다 30%~50% 정도 보험료도 아낄 수 있다. 다시 말해, 자동차보험 특약으로 제법 실속 있는 짠테크가 가능해지는 것이다.

보험사에서 추천하는 운전자보험은 장기보험으로 보장 기간이 5년, 10년, 20년 등으로 길다. 일부 상품은 80세까지 보장하기도 한다. 그런데 가까운 미래에 자동차를 타고 이동 시 운전을 할 필요가 없어질 수도 있다. 자동운전 시스템이 개발 중이기 때문이다. 미국 등 선진국에서는 이미 실험을 통해 자동운전 시스템으로 실 주행까지 가능하다는 결과가 나오고 있는 상태다.

현재 30세인 아무개 씨가 면허를 따고 자동차보험을 가입하면서 혹시 모를 사고를 대비하기 위해 50년 후인 80세까지 보장받는 운전자보험에 가입했다 하자. 그런데 만일 10년 후부터 자동운전 시스템이 상용화된다면? 운전자보험은 완전 무용지물이 될 가능성도 있는 것이다. 자동운전 시스템으로 이동하다 사고가 발생하면, 그 책임이 운전자에게 있는 게 아니라 자동운전 시스템 개발사가 질 확률이 높기 때문이다.

운전자보험에서 보장받는 형사합의금이나 벌금 등에 대한 보장이 필요하다면 자동차보험 가입 시 특약으로 보장을 채우는 것이 현명하다. 그것만으로는 영 불안해 운전자보험에 가입할 생각이라면 가급적 만기가 짧은 상품을 선택하는 것이 보험료를 아낄 수 있는 방법이다.

종신보험,
꼭 가입해야 하나?

———

20대에 꼭 필요한 보험은 실손의료보험이다. 운전면허증을 따고 자동차를 산다면 자동차보험과 운전자보험 정도만 있으면 된다. 그런데 30대로 접어들고 사랑하는 사람과 가정을 꾸리고 아이를 낳으면 보험의 필요성을 피부로 느끼게 된다. 가족이 생기면 책임감이 그만큼 무거워진다. '만약 나에게 무슨 일이 생기면? 남아 있는 가족은!' 하는 생각을 버릴 수가 없기 때문이다.

요컨대 가족이 생기면 배우자를 위해 종신보험의 필요성을 느끼며, 아이를 가지면 태아보험과 어린이보험을 알아봐야 한다. 노후와 목적 자금 마련을 위해서는 연금보험이나 저축보험에 관심을 가져야 한다. 우선, 가정을 꾸리고 처음으로 가입을 고려해야 할 종신보험부터 알아보자.

어린 자녀를 두고 부모 중 한 명이라도 조기 사망을 하게 되면 남아 있는 가족은 매우 큰 경제적 어려움에 부딪힌다. 맞벌이 부부라 하더라도 자녀를 낳으면 둘 중 한 명의 직장 생활이 극도로 힘들어진다. 보육시설이 유럽 등 선진국 대비 좋지 못하고 보육을 위한 복지도 보편적이지 않다. 특히 우리나라에서 육아를 위해 회식에 참석하지 않는다면 상사는 물론 동료에게도 좋은 소리를 듣지 못한다. 아니 회식을 떠나 정시 퇴근도 쉽지 않다.

한편 어린이집, 유치원 등 보육시설 담당자의 퇴근 시간도 오후 6시가 보통이다. 결국 조부모에게 소중한 자녀의 양육을 부탁하거나 맞벌이를 포기해야만 한다. 소득 수준이 조금 더 높은 쪽이 일에 전념하고 나머지 한 명은 육아를 맡기 마련이다.

주요 소득자가 조기 사망을 한다고 가정하자. 이 경우 급격히 가계소득이 줄어들어 남아 있는 가족들의 생계 유지가 어려워진다. 자녀가 성장할수록 더 많은 교육비 등이 발생한다. 더 많은 비용이 들어갈수록 이에 맞춰 소득도 증가해야 하는데 일반적인 회사원은 물론 단순노무직의 경우에는 경력이 쌓인다 해도 물가상승률 이상으로 소득이 높아지지 않는다. 결국 가족 모두 빈곤층으로 떨어질 확률도 높아진다.

만약 주요 소득자가 아닌 양육을 전담했던 배우자가 사망한다고 가정하자. 얼핏 주요 소득자는 신변 문제가 생기지 않기 때문에 별다른 재정적 어려움이 없을 것이라고 생각한다. 그러나 오해다. 자녀가 초등학생 이하라면 부모 중 한 명이 여러 가지를 챙겨줘야 한다. 어릴수록 부모의 손길이 더 많이 필요하다.

양육을 담당했던 배우자가 사망함에 따라 퇴근 시간까지 자녀를 돌봐줄 보모를 고용하거나 자녀를 퇴근 전까지 계속해서 학원에 머무르게 해야 한다. 보모를 고용할 경우 매월 2백만 원 이상의 비용이 발생하며, 초등학교 방과 후 학원에 계속 머무르게 하기 위해 서너 개 학원에 보낸다 하면 월 1백만 원 이상의 비용이 발생한다.

건강보험공단이 발표한 자료를 보면 2013년 기준으로 30대 남성의 평균 연봉은 약 3,700만 원 정도다. 대기업의 경우 이보다 1천만 원 정도 높고, 중소기업의 경우 5백만 원가량 낮은 게 일반적이다. 연봉 4천만 원을 받는다 해도 실수령 금액은 월 3백만 원도 되지 않는다. 이 중에서 육아와 관련된 비용으로 50% 정도를 지출한다면, 생활비나 주거비 등을 감당하기에도 벅찰 정도로 생활이 힘들어질 수 있다. 미래를 위한 투자는 잠시 접어둬야 하는 것은 당연하다.

부모 중 한 명이라도 조기에 사망하는 것에 대비해 결혼하자마자 종신보험에 가입해야 한다고 보험사 관계자들 대부분이 강조한다. 특히 자녀를 낳고도 종신보험에 가입하지 않으면 그야말로 '강심장'이라는 식이다. 그러나 종신보험은 보험료가 가장 비싼 보험 중 하나다.

35세 남성이 1억 원을 보장받기 위해 종신보험에 가입할 경우 20년 동안 매월 약 20만 원 정도를 보험사에 납입해야 한다. 부부가 동시에 가입하면 40만 원 정도를 내야 하는 것이다. 맞벌이 부부라도 매월 보험료로 40만 원을 지출하는 것은 부담스럽다. 외벌이 부부라면 40만 원 부담은 현실적으로 어려울 수 있다. 종신보험에만 소득의 10% 이상을 지출하는 셈이다.

그러나 1억 원도 사실 기본적인 보장 수준에 불과하다. 실제 필요 자금은 대출금을 포함해 3년 이상의 생활비다. 연봉이 4천만 원이고 생활비 등으로 매월 3백만 원을 지출한다면, 가장의 조기 사망을 대비하기 위해 3년치 정도의 생활비 1억 원을 준비해야 한다. 여기에 주택담보대출로 1억 원이 있다면 추가로 1억 원을 더 준비해 총 2억 원의 사망보험금이 필요하다.

이런 보장 분석도 아주 단순화한 것이다. 모아둔 자금까지 고려해야 하며 미래 소득과 소비도 염두해야 한다. 아울러 가장의 부재 시 가족이 경제적 독립이 가능한 시기도 예상해야 한다. 그러나 안타까운 점은 이런 단순한 분석조차 받아본 종신보험 가입자가 거의 없다는 것이다. 대부분의 보험설계사들은 지출 가능한 보험료를 산정하고 그것에 따라 보장받는 사망보험금을 맞춰줄 뿐이다. 현실은 가입을 위한 가입이 대부분이다.

보험료가 높은 종신보험에 가입하다 보니 다른 보험은 거의 가입하지 못한다. 때문에 보험사들은 종신보험에 연금전환 특약★이

★ 연금전환 특약
60세 이후 자녀가 경제적 독립을 시작하는 시기부터 부모의 사망보험금의 활용도는 급격히 감소한다. 따라서 종신보험 가입자 중 상당수는 쌓여 있는 적립금을 연금 재원으로 활용하기 위해 연금전환 특약을 신청한다. 연금전환 특약을 신청하면 더 이상 사망보험금을 받을 수는 없지만 종신보험으로 노후 자금을 마련할 수 있는 효과가 있다.

나 사망보험금선지급 특약* 등 종신보험으로 노후생활 자금까지 마련이 가능한 기능을 억지로 끼워넣는다. 여기에 각종 특약을 붙여 건강보험 기능까지 가능하다고 주장한다.

물론 일부 종신보험은 잘만 활용하면 연금보험을 대체할 수도 있고 또 다른 건강보험에 가입하지 않아도 된다. 그러나 이는 일부 상품의 얘기다. 또한 보험 구조를 잘 아는 설계사에게 컨설팅받았을 경우에만 해당한다. 대부분은 보험료가 높은 종신보험에 가입하며 이미 보장을 받고 있는 건강보험에 중복 가입하기도 한다.

아울러 정기보험**에 대해 알고 있는 사람은 별로 없다. 정기보험은 '정'해진 '기'간까지 사망 보장을 해주는 상품이다. '정기부종신보험'이라 지칭하기도 한다. 즉 종신보험은 가입 이후 사망 시

★ **사망보험금선지급 특약**
사망보험금선지급 특약을 신청하면 종신보험의 사망보험금을 생존할 시기에 연금 등 생활 자금으로 활용할 수 있도록 지급한다. 예를 들어 사망보험금 1억 원의 종신보험에 가입했고, 60세 시점에 적립금이 5천만 원이다. 이때 연금전환 특약을 활용하면, 적립금인 5천만 원만 연금 재원으로 활용된다. 반면 사망보험금선지급 특약을 활용하면 1억 원 모두 연금재원으로 활용할 수 있다.
하지만 사망보험금선지급 특약이 무조건 좋은 것은 아니다. 보험사는 사망보험금선지급 특약을 신청하면 사망보험금을 지급하는 대신 선할인 개념을 도입, 1억 원 전액을 지급하는 것이 아닌 그중 일부만 지급한다. 물가상승률을 반영하겠다는 취지다.

★★ **정기보험**
정해진 기간까지 사망보험금을 보장하는 보험이다. 종신보험의 보장을 일부 기간으로 한정한 상품이라고 보면 된다. 사망 확률은 시간이 지날수록 증가한다. 보장 기간이 정해져 있는 정기보험은 종신보험보다 매우 저렴하다. 실제 40대 남성이 60세까지 보장받는 정기보험에 가입할 경우 종신보험 대비 보험료는 약 15%에서 20% 정도에 불과하다. 반드시 종신보험이 필요한 사람이 아니라면 정기보험 가입을 고려하는 것이 현명하다.

까지 평생 보장하는 반면 정기보험은 60세, 70세, 80세 또는 가입 후 20년, 30년 등의 기간을 정한 뒤 그 기간 이내에 사망하면 보험 금을 지급한다. 기간이 정해져 있기 때문에 보험료는 종신보험보다 매우 낮다. 가입자의 부담이 매우 줄어든다. 반면 설계사와 보험사 입장에선 돈이 되지 않는다. 납입하는 보험료가 종신보험보다 낮기 때문에 설계사는 모집수수료가 그만큼 줄어들고, 보험사도 사업비★★★로 떼는 돈이 적을 수밖에 없다. 이것이 바로 소비자가 요구하지 않는 이상 정기보험에 대해 설명해주는 설계사가 거의 없는 이유다. 물론 보험사들도 정기보험보다 종신보험 판매를 설계사들에게 은근히 강조한다.

실제로 조기 사망으로 인한 위험과 돈 없이 오래 사는 장수 위험 두 가지를 모두 대비하기 위해서는, 종신보험에 가입 후 연금전환 특약이나 사망보험금선지급 특약을 활용하는 게 최선의 방법이 아니다. 자녀의 경제적 독립이 예상되는 시점까지만 정기보험에 가입하고, 자금의 일부를 연금보험에 가입하는 것이 좋다. 한 가지 상품으로 두 가지 위험에 모두 대비하는 것보다 각각 목적이 다른 두

★★★ 사업비

보험사도 기업이다. 보험 가입자가 납입하는 보험료 중 일부는 보험사 운용하는 비용으로 쓰인다. 이를 사업비라고 한다. 사업비에는 보험사 임직원에 대한 급여는 물론 보험을 판매하는 설계사의 수당도 포함되어 있다.
일반적인 보험 상품은 설계사 모집수수료 등 사업비를 초기에 부과하는 선취형 구조다. 따라서 '보험 조기 해지는 손해'라는 상식이 생겼다. 다만 최근 보험들은 조기에 해지해도 손실은 크게 줄이거나 아예 손실금액이 없는 상품도 출시되었다.

종류의 보험에 가입하는 게 현명하다. 정기보험과 연금보험에 대해서는 뒤에서 다시 설명할 예정이다.

변액종신보험과 일반종신보험, 과연 어떤 것이 좋을까?

종신보험의 가입 목적은 사망 보장이다. 사망보험금의 미래 가치는 조금씩 낮아진다. 현재 1억 원이라는 보장 자산은 거액이지만, 물가상승률에 따라 50년 후 보장금액은 소액이 될 수 있다.

물가상승으로 고정되어 있는 사망보험금의 가치가 줄어드는 단점을 보완, 진화한 형태의 종신보험이 변액종신보험이다. 변액보험은 특정 상품명이 아니다. 보험 적립금을 주식이나 채권에 투자한 뒤 실적배당을 통해 향후 받을 수 있는 보험금을 더 높여주는, 즉 '변액' 기능이 추가되어 있는 보험이다. 이런 변액 기능이 있다고 해 변액보험이라 부른다.

종신보험은 가입할 때 정한 사망보험금이 고정되어 있다. 사망시 2억 원 보장으로 가입했다면 1년 후 사망해도, 50년 후 사망해도 2억 원을 보장받는다. 현재 2억 원은 수도권의 소형 아파트를 매입할 수 있을 정도의 거액이다. 그러나 50년 후 2억 원은 아파트 구입은커녕 몇 개월 월세 비용에 지나지 않을지 모른다.

사망보험금이 고정되어 있어 물가가 올라갈수록 보험금의 구매력이 하락하는 일반종신보험의 단점을 보완한 상품이 바로 변액종신보험이다. 변액보험의 특징에 따라 납입하는 보험료의 일부를 특별계정으로 구분하고 주식이나 채권 등 유가증권에 투자해 수익을 낸다. 수익이 발생하면 나중에 받는 적립금도 증가하게 된다.

요컨대 기존의 일반적인 정액종신보험은 사망보험금이 고정되어 있는 반면 변액종신보험은 적립금이 투자 실적에 따라 변동되어 사망보험금에 합산된다. 게다가 변액종신보험은 투자 수익이 발생하면 +α를 챙길 수 있지만, 투자 손실을 본다고 해서 계약한

 TIPS　　　　　　　　　　　**변액보험의 특별계정이란?**

변액보험은 보험소비자가 납입한 보험료를 주식이나 채권 등에 투자하고자 보험료 적립금을 별도의 계정에서 운용한다. 투자를 위한 이러한 별도의 계정을 특별계정이라 한다.

변액보험의 경우 특별계정에 투입된 자산의 투자 위험은 해당 상품 가입자가 부담해야 한다. 투자 위험을 회사가 부담하는 정액보험과 확실히 구분되는 부분이다. 공시이율이 적용되는 정액보험의 적립금은 일반계정으로 구분한다.

특별계정에 투입되어 운용되는 보험료는 가입자가 납입한 보험료 전액이 아니다. 납입한 보험료는 순보험료(저축보험료, 위험보험료)와 보험회사 운영에 필요한 부가보험료(계약체결비용, 계약관리 비용) 등으로 구성된다. 이 중 순보험료와 부가보험료 중 납입 기간 완료 후 계약관리 비용을 합산한 금액이 특별계정에 투입된다.

특별계정에 투입되지 않은 부가보험료는 일반계정에 투입되어 운용된다.

사망보험금이 줄어들지는 않는다. 따라서 지지 않는 게임을 하는 것이라 비유할 수도 있다.

현재 변액종신보험이 일반종신보험보다 납입하는 보험료도 약 10% 정도 저렴하다. 이는 예정이율이 일반종신보험보다 높기 때문이다. 예정이율이란 보험소비자가 납입한 보험료를 가지고 보험금을 지급할 때까지 운용해 거둘 수 있는 예상수익률을 말한다. 보험사는 보험소비자의 돈을 받아 이자나 투자 수익을 낼 수 있다. 반면 보험소비자는 보험사에 돈을 납입했기 때문에 이자나 투자 수익을 낼 수 있는 기회비용을 잃게 된다. 이 기회비용을 가입자에게 돌려주기 위해 일정 부분 보험료를 할인하는 것이 예정이율이다.

변액종신보험은 주식이나 채권 등에 상대적으로 많은 비중을 투자한다. 따라서 공시이율을 지급하는 일반종신보험보다 기대수익이 높다. 같은 돈을 내더라도 기대수익이 더 높으니 예정이율도 높은 것이다. 예정이율이 높으면 보험료가 낮아지는 효과가 있다. 특별계정의 투자수익률이 정액종신보험의 공시이율보다 높다면 변액종신보험이 더 유리하다. 납입하는 보험료도 저렴하며 사망보험금을 더 받을 수도 있다.

아직 종신보험에 가입하지 않았다면 변액종신보험을 선택하는 것이 일반적으로 더 유리하다. 일반종신보험 가입자라 해도 연령이 낮거나 납입을 시작한 지 얼마 되지 않았으면 변액보험으로 전환, 특별계정의 실적배당으로 투자수익률을 높이는 것이 현명한 선택일 수 있다.

그러나 금융시장에 대해 해박하지 않다면 변액보험 투자수익률이 정액보험을 뛰어넘지 못할 확률이 높다. 특히 변액종신보험의 경우 특별계정 투입 비중이 많지 않기 때문에 일반종신보험보다 유리하지 않을 확률도 있다.

일반종신보험은 환급금이 공시이율에 따라 고정적으로 쌓인다. 반면 변액종신보험은 주식이나 채권 등에 투자하고 그 실적에 따라 환급금에 추가 자금이 쌓이거나 쌓이지 않는다. 더 많은 환급금을 쌓을 수도 있지만 수익률이 낮으면 일반종신보험보다 환급률이 낮아질 수 있다는 의미다.

변액종신보험은 펀드 형태로 주식이나 채권 등에 투자한다. 따라서 해당 보험사의 변액보험에서 투자하고 있는 펀드에 많은 영향을 받는다. 향후 수익률이 높아질 수 있는 펀드를 많이 보유하고 있는 보험사 상품에 가입했다면 환급금이 많아질 확률도 높다. 반면 향후 수익률이 보잘것없다면 변액종신보험의 환급률도 보잘것없으며, 가입 당시 계약한 사망보험금만 받을 수 있다.

변액종신보험은 납입하는 보험료를 전부 펀드에 투자하지 않는다. 사망보험금을 지급하기 위해 위험보험료 등으로 납입보험료의 상당 부분이 빠진다. 변액종신보험은 높은 투자 수익을 목적으로 하는 것이 아니다. 향후 물가상승률로 인한 사망보험금의 실제 가치 축소를 막기 위한 상품이다.

종신보험과 변액종신보험, 비슷한 두 상품만 설명해도 많이 복잡해졌다. 요점만 정리하면 상속세를 걱정할 정도로 현재 부자이

30억 원짜리 부동산을 상속받는다면(배우자와 자녀 3명 기준) 일괄공제 5억 원, 배우자 공제 10억 원을 감안하더라도 무려 3억 9,600만 원의 세금을 납부해야 한다. 자산의 대부분을 부동산이 차지하고 있는 현실을 감안하면 현금이나 현금성 금융 자산을 4억 원 이상 보유하고 있는 사람은 많지 않다.

부동산으로 상속세를 대신 납부할 수 있다. 그러나 이 경우 실제 매매가의 50% 정도에 불과한 공시지가로 가격이 책정된다. 부동산을 급매로 내놓을 수도 있지만, 급매라는 것은 헐값에 매도하겠다는 뜻이기도 하며 거액의 부동산일수록 매수 가능한 사람도 적다. 결국 은행에서 부동산담보대출로 상속세를 내는 경우가 많다. 상속받은 부동산이 수익성 부동산이 아닌 경우 매월 납부해야 하는 이자 부담을 안게 된다.

일부 자산가들은 종신보험으로 상속세 고민을 해결한다. 종신보험은 기간이나 사망 원인에 관계없이 가입자가 사망하면 고액의 보험금을 받을 수 있다. 따라서 예상되는 상속세만큼 종신보험으로 보장 자산을 확보하면 상속세 고민을 해결할 수 있다.

종신보험으로 상속세를 대신할 때 주의할 점이 있다. 아버지가 아들에게 종신보험금을 상속했다면, 아버지에게 빚이 있더라도 종신보험금은 압류할 수 없다. 그러나 피상속인을 잘못 설정해 가입하면 사망보험금은 간주상속재산에 포함되기 때문에 종신보험금도 압류된다.

예컨대 사망보험금을 받을 때 아버지가 보험료를 전액 다 납입하고 아들이 보험금을 받았다면 전액 상속재산이 된다. 상속받은 것이기 때문에 사망보험금 압류가 가능하다. 그러나 아들을 계약자로, 아버지를 피보험자로 설정하면 압류되지 않는다. 보험료를 아들이 내준 것으로 간주하기 때문이다. 종신보험으로 상속할 계획이라면 계약자와 피보험자, 수익자가 누구인지 정확하게 따져볼 필요가 있다.

거나 부자가 될 것이 아니라면 종신보험에 가입할 필요가 별로 없다. 종신보험보다 매우 보험료가 낮은 정기보험에 가입해도 충분히 사망보험금을 준비할 수 있기 때문이다. 그런데 꼭 종신보험에 가입할 생각이라면 변액종신보험을 선택하는 게 현명하다. 같은 사망보험금을 보장받는데 일반 종신보험보다 보험료를 10% 정도 덜 내도 되기 때문이다.

정기보험으로 사망보험금을 마련하려면 어떤 기준으로 가입해야 하는지는 뒤에서 다시 설명할 예정이다.

종신보험으로
노후 자금 활용하기

최근 보험사들은 사망 후에만 수령할 수 있는 종신보험의 사망보험금을 살아 있을 때 활용할 수 있는 방법을 적용했다. 사망보험금을 먼저 받아 쓸 수 있다는 의미로 '선지급형 종신보험'으로 통용해 부른다. 마치 주택연금과 비슷하다. 주택연금은 주택을 담보로 매월 연금을 받는 대출 상품이다. 선지급형 종신보험은 향후 받을 사망보험금을 담보로 매월 연금이나 생활 자금을 받아 쓰는 것을 말한다. 영원히 사는 사람은 없다. 사람은 언젠가 모두 사망한다. 따라서 종신보험의 사망보험금은 반드시 수령할 자금이다. 그런데 사망보험금을 유가족이 아닌 나를 위해 살아 있을 때 활용할 수 있도록 만든 것이 바로 선지급형 종신보험이다.

예를 들어 사망보험금 1억 원의 종신보험에 가입했다 하자. 예전 종신보험은 사망 후에만 유가족에게 1억 원의 사망보험금이 지급됐다. 가입자에게는 아무런 혜택이 없다. 사망보험금은 오직 가족만을 위한 돈이다. 때문에 보험사들은 가족 사랑의 실천이 바로 종신보험에 가입하는 것이라는 말로 사망보험금을 포장하기도 했다. 그러나 선지급형 종신보험은 생존해 있을 때 사망보험금을 활용할 수 있다. 사람은 언젠가 죽기 때문에 1억 원의 사망보험금을 담보로 일정 금액의 자금을 활용할 수 있는 것이다.

젊은 시절 사망하면 고액의 사망보험금을 받고, 노후에 사망하지 않아도 사망보험금을 꺼내 쓸 수 있다. 얼핏 보면 매우 합리적이며 좋은 것 같다. 그러나 조금 깊게 생각하면 선지급형 종신보험이 무조건 좋은 것은 아니다. 선지급형 종신보험은 미래 사망 시점에 지급해야 할 사망보험금을 생존 연금으로 지급한다. 보험사 입장에서는 나중에 지급해도 될 보험금을 먼저 소비자에게 주는 것이다. 금액이 같다면 나중에 지급할수록 이익이다. 물가상승 때문이다.

《서울통계연보(2011)》를 보면 소비자물가는 1965년 대비 45년 후인 2010년에 31.4배 상승했다는 것을 확인할 수 있다. 즉 1965년 3백만 원은 현재 가치로 약 1억 원에 해당한다. 보험사 입장에서 사망보험금을 선지급하기 위해서는 물가상승률 정도 할인을 해야 손해를 보지 않게 된다. 다시 말해 보험사가 사망보험금을 가지고 있으면 그 돈을 투자해 수익을 낼 수 있는데, 사망보험금을 먼저 지급하면 투자로 수익을 낼 수 있는 기회비용이 사라지게 된다.

예를 들어 55세에 사망보험금 선지급을 신청하면 '100세 시대'에 따라 보험사는 약 45년 후에 지급하게 될 사망보험금을 먼저 지급하는 셈이다. 과거 서울시 통계를 대입한다면 가입금액 1억 원 종신보험의 45년 후 가치는 현재 3백만 원 수준밖에 되지 않는다. 3백만 원, 노후 대비 자금은커녕 1개월 생활비 정도에 불과하다.

금리와 물가상승률은 자전거의 앞바퀴, 뒷바퀴와 비슷하다. 금리라는 앞바퀴가 굴러간 궤적과 비슷한 흔적을 남기며 물가상승률이라는 뒷바퀴가 따라간다. 자전거의 앞바퀴와 뒷바퀴를 바꿔 낄 수 있듯 금리와 물가의 선·후행 구조가 바뀔 수도 있지만, 금리가 높은 시기는 물가상승률도 높을 수밖에 없다. 반대로 금리가 낮으면 물가상승률도 낮다. 일반적으로 은행의 예금 금리는 물가상승률보다 조금 더 높게 책정된다. 예금이 물가상승률보다 낮으면 은행에 돈을 맡기는 사람이 없을 것이다. 반면 예금 금리가 물가상승률보다 매우 높으면 부동산이나 주식 등에 투자하는 사람이 급감한다. 자산가치 하락 등의 위험을 안고 굳이 투자할 필요성을 느끼지 못하기 때문이다. 물가와 금리는 비슷한 궤적을 그릴 수 있도록 책정되게 마련이다.

현재는 초저금리 시대다. 과거보다 물가상승률이 낮아 사망보험금의 구매력 저하도 과거보다 천천히 이뤄질 확률이 높다. 이에 따라 보험사가 사망보험금을 선지급하기 위한 할인율이 물가상승률과 비슷한 선에서 결정되어야 한다. 보험사가 물가상승률보다 높은 비율로 사망보험금을 할인하면, 보험사는 그만큼 더 이익을 보는 구조다.

사망보험금의 미래 가치와 현재 가치, 금리와 물가상승률의 개념이 쉽지 않다. 비유로 설명해보자. 어떤 사람이 매월 1만 원짜리 사과 20개를 보험사에 지급하면, 만약의 경우 사망할 때 보험사는 사과 1만 개를 제공해야 한다는 조건으로 계약했다고 하자. 이 사람이 매월 사과 20개만 주면 혹시 모를 조기 사망 시 그 가족은 사과 1만 개를 받을 수 있다. 내가 받을 수 있는 사과가 1만 개이기 때문에 매월 20개의 사과를 지급하면, 사망 위험에 대한 자금은 1억 원의 가치만큼 가지고 있는 셈이 된다.

그런데 사과를 좋아하는 물가상승률이라는 벌레가 있다. 이 벌레가 매년 사과를 100개씩 먹는다 하자. 매년 1백만 원의 가치가 사라지는 것이다. 물가상승률 1%에 해당한다. 40세에 보험사에 사과를 맡기고 50년 후에 찾는다면 사과 1만 개는 5천 개로 줄어들어 있을 것이다.

그런데 60세 시점에, 즉 사과가 8천 개 남아 있는 시점에 사과가 꼭 필요해졌다. 보험사에 매년 사과를 1천 개씩 달라고 요청한 것이다. 그런데 보험사는 다시 사과를 돌려주려면 매년 200개씩 제외하고 돌려주겠다는 계약서를 가지고 온 것이다. 매년 물가상승률이라는 벌레가 사과 100개를 먹었는데, 보험사도 선지급을 위한 할인율을 명목으로 사과 100개를 가지겠다는 것이다.

　보험사는 이처럼 선지급형 종신보험으로 오히려 수익을 취하는 구조다. 선지급하는 사망보험금 할인율이 3.5%에 달한다. 다시 말해 1년에 3.5%씩 할인해서 지급하겠다는 의미다. 보험사는 사망보험금을 선지급하면 매년 사과 350개를 덜 주겠다는 것이다. 1억 원의 사망보험금을 보험사가 책정해놓은 사망 시점보다 10년 일찍 받으면 약 7천만 원밖에 받지 못한다. 3.5%의 할인율이 반영되기 때문이다.

　그러나 2015년 물가상승률은 1%에도 미치지 못했다. 이변이 없는 한 과거 10년 평균 물가상승률 3.0% 이상인 시기가 다시는 오지 않을 수도 있다. 그러나 사망보험금선지급 특약을 신청하면 물가상승률과 사망보험금 선지급 할인율 차이만큼 보험사는 이익을 얻게 된다. 예를 들어 물가상승률이 1%, 사망보험금선지급 특약의 할인율이 3.5%라면 물가상승률과 할인율의 차이 2.5%는 보험사의 수익으로 귀속된다. 사과로 비유한다면 벌레가 연 100개의 사과를 덜 먹게 하는 대신 보험사가 250개의 사과를 가져가는 것이다. 선지급을 신청한 사람은 보험사에 또 한 번 비용을 지불한 것과 같은 구조가 된다. 보험사는 보험료를 납입할 때 사업비를 취하고, 사망보험금선지급 명목으로 다시 한 번 이익을 낸다. 보험사는 종신보험으로 연금을 지급해 대단한 혜택을 주는 것처럼 포장하지만 실상은 보험사가 무조건 유리한 구조의 상품을 파는 셈이다.

적립금을 활용해 연금을 지급하는 방법인 '연금전환 특약'도 있다. 종신보험을 활용해 연금을 받는다는 것은 같지만 연금을 지급하는 재원의 개념이 다르다. 연금전환 특약은 사망보험금을 재원으로 하지 않고, 가입자가 납입한 보험료 중 적립금으로 쌓아놓은 자금을 재원으로 사용한다. 즉 해약환급금을 기준으로 지급한다.

종신보험은 보험료의 일부를 적립금으로 쌓아둔다. 그리고 노후에 종신보험을 해약하면 적립금을 해약환급금으로 지급한다. 만약 해약하지 않고 연금전환 특약을 활용하면, 적립금을 매년 연금으로 지급한다. 다만 해약환급금을 연금으로 전환할 때 또 한 번 소액의 사업비를 뗀다. 해약환급금으로 다시 연금보험에 가입하는 구조이기 때문이다.

종신보험에 가입한 후 노후에 사망보험금을 선지급받는 방법이든, 적립금을 연금으로 전환하는 방법이든 모두 고객 본인이 납입한 보험료가 재원이다. 젊은 시절 낸 내 돈을 노후에 사용하는 것이다. 보험사에서 추가적으로 제공하는 재정적 서비스 따위는 없다.

생명보험을 사망보험과 생존보험으로 구분하기도 한다. 예기치 못한 죽음을 대비하는 것과 살아 있을 때 질병이나 사고, 장수 등을 대비해야 하는 것은 그만큼 목적이 다르다. 사망을 대비하기 위한 종신보험과 오래 사는 것을 대비하기 위한 연금보험의 목적은 그만큼 다르다. 이 두 가지 목적을 완벽하게 만족시키는 보험은 없다고 해도 과언이 아니다.

따라서 조기 사망에 대비할 목적이라면 종신보험이 좋다. 하지만 조기 사망과 노후 준비를 모두 대비하려면 종신보험에 가입 후 이를 통해 사망보험금을 선지급받거나 연금전환을 활용하는 것이 아닌, 저렴한 정기보험과 함께 노후에 연금을 받기 위한 상품인 연금보험을 동시에 가입하는 게 일반적으로 더 좋은 방법이다.

종신CI보험 가입은 신중하게!

암이나 급성심근경색, 뇌출혈 등 중대한 질병은 많은 치료비가 발생한다. 따라서 이런 질병을 보험사에서는 '중대한 질병(CI, Critical Illness)'이라 정하고 있다. 암과 뇌혈관 질환, 심장 질환 등 3대질병과 심장·간장·폐·신장·췌장 등 5대 장기이식수술 등이 이 보험으로 보장된다. 급성심근경색과 말기 신부전증, 관상동맥우회로 인한 이식수술, 심각한 화상도 보장이 가능하다.

종신CI보험은 발병률이 많지는 않지만 한 번 발병하면 많은 치료비가 발생하는 질병을 보장한다. 즉 중대한 질병 발생 시 치료비와 요양비 등을 지급하는 것이다. 그러나 이 보험은 여러 문제에 노출되기도 했다. '중대한'이라는 개념이 모호하다. 가입자는 감기조차 중대한 질병이라고 생각한다. 그러나 실제 보험사가 종신CI보험에서 정해 놓은 '중대한'이라는 개념은 참 협소하다. S생보의 종신CI보험 상품 요약서를 보면 '중대한'이라는 개념에 대해 '중대한' 질병이란 중증도A, 중증도B, 중대한 수술로 구분한다.

중대한 질병 중증도A는 중대한 암 중증도A, 중대한 급성심근경색증 중증도A, 중대한 뇌졸중 중증도A, 말기 신부전증, 중대한 화상, 중증 만성 간 질환, 중증 만성 폐 질환, 중증 재생불량성빈혈, 루게릭병, 다발성경화증, 중증 루푸스 신염으로 설명되어 있다.

중대한 질병 중증도B는 중대한 암 중증도B, 중대한 급성심근경색증 중증도B, 중대한 뇌졸중 중증도B로 설명되어 있다.

마지막으로 중대한 수술은 관상동맥우회술, 대동맥인조혈관치환수술, 특정심장수술, 5대장기이식수술(심장, 간장, 폐장, 췌장, 신장)이다.

이런 설명을 읽고 어떤 질병이 중대한 질병인지 알 수 있는 보험 소비자는 거의 없다. 그런데 S생보의 이런 설명도 사실 친절한 편이다. H생보의 경우 상품 요약서에 이런 설명도 없다. 책 한 권 분량의 약관을 들춰봐야만 '중대한' 질병의 정의를 찾을 수 있을 뿐이다.

일반적으로 사람들은 '암'은 중대한 질병이라고 짐작한다. 그런데 종신CI보험에서는 암이 중대한 질병일 수도 있고 아닐 수도 있다. 유방암이나 전립선암과 같은 남녀생식기암이나 갑상선암, 피부암, 대장점막내암 등은 암이지만 중대한 암이 아니다. 또 뇌암, 골수암 등의 고액암으로 구분되는 암도 병기에 따라 중대한 암일수도 있고 중대하지 않은 암으로 구분될 수도 있다.

대부분 종신CI보험은 중대한 뇌졸중도 보장한다. 그러나 뇌졸중에 노출됐다고 해도 보장받지 못할 확률이 높다. 뇌졸중은 뇌혈관질환의 하나다. 수많은 뇌혈관 질환의 약 77%를 차지한다. 뇌졸중은 뇌경색과 뇌출혈로 구분할 수 있다. 뇌경색은 뇌의 혈관이 막힌것이며, 뇌출혈은 혈관이 터진 것이다. 일반적으로 뇌경색이 뇌출혈로 진행되며, 뇌출혈 발생 확률은 전체 뇌혈관 질환의 16%에 불과하다.

뇌출혈이라고 해도 다 보상받는 것이 아니다. S생보 종신CI보험 상품 요약서를 다시 살펴보면, '중대한 뇌졸중'이라고 해도 ①외상에 의한 뇌출혈 ②뇌종양으로 인한 뇌출혈 ③뇌수술 합병증으로 인한 뇌출혈 ④신경학적결손을 가져오는 안동맥(ophthalmic artery)의 폐색은 보상하지 않는다. 앞에서 설명한 네 가지 원인으로 인한 '중대한 뇌졸중'에 포함되지 않더라도 장해지급률이 80% 미만인 장해 상태면 CI보험에서 보장받지 못한다.

즉 CI보험 가입자라 해도 '중대한' 질병에 노출되어 고액의 보험금을 받기는 쉽지 않다. 실제로는 병리학자가 질환을 판단할 때 보험사에서 정한 질병의 해당 코드에 부합해야 보상을 받을 수 있다.

보험설계사조차 종신CI보험의 '중대한'이란 개념을 잘 설명하지 못한다. 암이나 심장병, 뇌졸중 등에만 노출되면 무조건 보장된다고 이해하고 이를 가입자에게 설명한다. 심지어 종신CI보험에서 정의하는 '중대한'의 정의는 보험사들마다 다르다. A보험사는 중대한 질병으로 구분하는 것도 B보험사는 중대하지 않은 질병으로 볼 수 있다는 의미다.

또한 종신CI보험은 종신보험과 많은 부분이 겹친다. 최근 종신보험은 사망 이전에 사망보험금의 일부를 지급하는 상품도 있다. 앞에서 설명한 사망보험금 선지급을 신청하면 고액의 사망보험금을 치료비로 사용할 수도 있다.

종신CI보험은 종신보험과 거의 흡사한 구조다. 차이점은 '중대한' 질병에 걸렸을 때 나중에 받을 사망보험금을 미리 받는다는 점 정도다. 그런데 보험료는 종신보험 대비 20%가량 높다. 굳이 따진다면 가성비가 매우 낮은 비싼 보험이라는 의미다.

종신CI보험은 별로 권하고 싶은 상품이 아니다. 가족력 중에 '중대한' 질병으로 일찍 가족 곁을 떠난 사람이 많다면 종신CI보험보다 3대질병보험에 가입하는 것이 현명할 수 있다. 3대질병보험은 종신CI보험에서 CI에 해당하는 '중대한' 질병만 따로 보장하는 보험이다. 종신CI보험에 가입하는 것보다 종신보험과 3대질병보험에 동시에 가입하는 게 보험료가 더 적다. 가족이 췌장암에 많이 노출되어 사망했다면, 췌장암을 많이 보장하는 3대질병보험에 가입하고 종신보험은 따로 가입하는 게 현명하다. 앞서 강조했지만 상속세를 걱정해야 할 정도의 자산가가 아니라면 종신보험 대신 정기보험을 택하는 것이 보험료를 줄이는 반면 보장은 늘리는 방법이다.

종신보험과 정기보험, 어느 것이 더 유리할까?

가장의 조기 사망을 대비하기 위해 가입하는 보험은 종신보험과 정기보험이 대표적이다. 종신보험과 정기보험 모두 생명보험사에서만 가입이 가능하다. 손해보험사에서도 종신보험이나 정기보험과 비슷한 효과를 가진 담보를 구성할 수 있지만, 구조가 조금 복잡하다. 종신보험은 보장 기간을 확정하지 않고 사망 시점까지 보장을 해주는 반면 정기보험은 정해진 기간 동안만 보장해준다. 예를 들어 60세 만기 정기보험에 가입하는 경우 60세 이전에 사망할 경우에만 보험금을 지급한다. 61세부터는 지급하지 않는다.

사람은 나이가 들수록 건강이 약화된다. 암 진단 같은 생존 보장의 경우 나이가 많을수록 또 은퇴 이후 소득이 적을수록 그 필요성

K생보 종신보험 vs 정기보험 비교

(기준: 남성 40세, 가입금액 1억 원, 20년 납, 종신보험 공시이율 3.1%)

구분	종신보험*	정기보험**	차액
보험 기간	종신	60세	
납입 기간	20년 납	20년 납	
월 보험료	237,700	32,500	205,200
총 납입보험료	57,048,000	7,800,000	49,248,000
60세 시점 적립금	54,177,379		54,177,379

* (무)프리미어종신보험, **(무)플러스정기보험
※출처: 2016년 2월 각사 홈페이지 참조

이 높아지기 마련이다. 반면 유가족을 위한 사망 보장은 나이가 많
아질수록 그 필요성이 낮아지면서 막내 자녀가 독립을 하게 되면
매우 작아진다. 물론 상속 등의 목적을 가지고 사망보험금을 준비
하는 경우는 예외다.

　40세 남성이 20년 납 기준, 사망 시 1억 원이 보장되는 K생보 종
신보험에 가입할 경우 매월 약 23만 7,700원의 보험료를 납입해야
한다. 이를 60세 만기 20년 납 정기보험으로 가입하면 월 보험료는
3만 2,500원이다. 종신보험 대비 약 14% 수준이다. 월 보험료로 20
만 5,200원의 차액이 발생하며 이는 20년간 총 4,925만 원이다. 물
론 60세가 되면 정기보험은 만기되며 순수보장형으로 환급금이 없
다. 반면 종신보험의 경우 60세 당시 해약환급금으로 약 5,418만
원을 적립할 수 있고 이 금액은 연금 재원이 되거나 유동 자금이 될
수도 있다.

　정기보험에 가입하고 줄어드는 보험료(월 20만 5,200원)를 연금저

축보험에 투자할 경우 2016년 2월 K생보 공시이율 2.72% 기준으로 60세 시점에 약 5,898만 원이 된다. 이 금액은 종신보험에 가입한 후 60세 시점에 적립된 해약환급금보다 약 481만 원이 많다.

물론 보험료의 차액을 정기적금이나 다른 실적배당형 상품에 투자할 수도 있다. 만일 2.0%로 단리 이자가 붙는 정기적금에 투자할 경우 예상 적립금액은 5,762만 원으로 종신보험의 해지환급금보다 약 344만 원 많다. 또 종신보험과 정기보험 차액을 실적배당형 상품에 투자하는 경우라면 연 1.1%를 초과하는 수익만 낸다면 종신보험의 적립금보다 많게 된다. 만약 실적배당형 상품에 투자해 3.0%의 수익을 지속적으로 낸다면, 20년 후 받을 금액은 6,472만 원이다. 종신보험 해약환급금과 약 1천만 원 이상의 차액이 발생하는 것이다.

60세에 종신보험을 연금전환한다거나 해지하고 환급금을 노후 자금으로 사용할 목적이라면, 즉 사망 보장과 노후 보장의 두 마리 토끼를 모두 잡고 싶다면 '정기보험+연금보험' 또는 '정기보험+투자 상품'의 형태로 가져가는 것이 유리하다.

이는 단지 60세 시점에 가용할 자금이 클 수 있다는 이유만 있는 것은 아니다. 보험은 해지하기 위해 가입하는 상품은 아니지만 중도에 보험을 유지할 수 없는 경우 손해보는 금액도 정기보험과 연금보험에 동시에 가입했을 때가 종신보험 하나에 가입했을 때보다 적다. 그리고 자금이 필요한 경우 융통하는 것도 정기보험과 연금보험 동시 가입의 경우가 더 좋다.

조기에 사망한 경우라면 보험료를 적게 내는 정기보험이 무조건 유리하다. 만일 가입 후 10년 시점에 사망한 경우라면 종신보험은 총 2,852만 원을, 정기보험은 총 390만 원의 보험료를 납입하고 1억 원의 사망보험금을 수령하게 된다. 정기보험이 약 2,462만 원의 보험료를 덜 낸다. 종신보험이나 정기보험이나 보험이 유지되는 기간에 사망하면 사망보험금만 지급한다. 적립금과 사망보험금을 동시에 지급하는 것이 아니다. 즉 60세 이전이라면 언제든지 정기보험이 유리하다.

암이나 심근경색, 뇌졸중 같은 중대한 질병이라면 막대한 치료비가 들어갈 수 있다. 직장을 그만둬 경제적 부담까지 발생할 수 있다. 이후 사망으로 이어지는 경우라면 지급되는 사망보험금이 막대한 치료비나 경제적 부담금을 보전하는 데 쓰일 수도 있다. 이러한 경우라면 정기보험보다 종신보험이 유리할 수 있다. 물론 60세 이전에 이런 질병에 노출될 확률은 결코 높지 않다. 중대 질병 진단 시 종신보험의 경우 납입면제 기능이 있기 때문에 보험 유지가 가능하다.

60세 만기 정기보험에 가입한 후 59세에 중대질병 진단을 받고 치료받는 도중 정기보험 만기인 60세를 초과해 사망하는 경우 단한 푼의 보험금도 받을 수 없다. 또 61세 이후 정기보험에 재가입하려고 해도 조만간 사망할 위험이 매우 크기에 보험사는 인수하지 않는다. 하지만 이런 확률은 결코 높지 않다.

또한 종신보험은 다양한 특약을 통해 이러한 위험을 대비할 수 있다. 예를 들어 암 등과 같은 중대한 질병 진단을 받거나 중대한 수술을 하는 경우 차후 보험료 납입을 면제해준다. 대부분 종신보험의 부가 특약으로 구성이 되나 이는 일부 정기보험에도 있다.

암이나 급성심근경색, 뇌출혈 등을 보장하는 종신CI보험의 경우 선지급 방식을 통해 중대한 질병 진단 시 사망보험금의 일부 (50%~80%)를 미리 준다. 이는 중대질병 진단 시 병원비 등의 경제적 부담을 덜어주기 위한 방법으로 가족에 매우 큰 도움을 줄 수 있다. 다만 종신보험보다 보통 20% 이상 비싸며 환급률도 떨어지는 것이 단점이다.

종신보험 및 정기보험으로 한국 남성의 평균 사망 시기라고 할 수 있는 80세까지 보장받을 때 어떤 조건이 더 적은 보험료를 내고 똑같은 사망 보장을 받을 수 있을까?

현재 만 40세 남성이 특약 없이 주계약 1억 원을 보장받는다고 할 경우 I생보의 종신보험료는 20년 납입할 때 월 보험료가 약 22만 6,840원으로 총 납입보험료는 5,308만 원이다. 70세까지 30년간 납입하면 약 16만 6,840원을 매월 납입해야 하며 총 납입보험료는 6,006만 원이다.

MT생보의 종신보험료는 20년 납일 경우 월 보험료가 약 27만 원으로 총 납입보험료는 6,504만 원이고, 80세까지 40년 납입 시 약 19만 원으로 총 납입보험료는 9,120만 원이다. 종신보험으로 같은 보장을 받을 경우 조기에 보험료를 집중해 납입하는 것이 총 납입보험료를 줄이는 방법이다. 부담은 되지만 빨리 끝내고 복리효과를 보는 것이 더 현명하다는 것이다.

다만 주의해야 할 것이 하나 있다. 대부분 생명보험사의 보장성 보험에는 50% 이상 장해 시 보장은 받으면서 보험료를 납입하지 않는 납입면제 특약이 부가되어 있다. 납입면제 특약을 적용받게 되면 더 이상 보험료를 납입하지 않아도 보험 계약이 유지된다. 요컨대 종신보험에 가입할 때 납입 기간을 최대한 길게 설정한 후 납입 기간 중에 50% 이상의 장해 진단을 받으면, 더 이상 보험료는 납입하지 않아도 향후 사망보험금을 수령할 수 있다. 참고로 보험사가 규정하는 50% 이상의 장해는 당뇨합병증이나 백내장 등으로 한쪽 눈의 시력을 완전히 잃거나 한쪽 손목 이상을 잃는 경우, 장기 이식 등에 따른 심한 장해 등을 이른다.

한편 정기보험 상품을 살펴보자. 60세까지 보장받는 경우 I생보 정기보험의 월 납입보험료는 2만 9천 원이며, MT생보는 3만 1천 원이다. 정기보험의 만기환급금은 없거나 극도로 낮은 수준이다. 그러나 월 납입보험료가 부담스럽지 않다. 따라서 확률은 낮지만 발생하면 피해가 큰 위험을 대비하는 보험의 기본 역할을 고려할 때, 60세까지만 보장받는다면 정기보험을 선택하는 게 유리하다.

그러나 80세까지 보장받는다고 가정할 경우 상황은 역전된다. 정기보험이 저렴하다는 일반적인 상식이 깨진다. I생보 정기보험으로 40세에서 60세까지 보장, 이후 20년을 다시 갱신한다고 가정해 설계했다. 이때 총 납입보험료는 기간별로 각각 696만 원, 4,032만 원으로 80세까지 총 4,728만 원을 납입해야 한다. 만기에 받을 수 있는 환급금은 없다.

따라서 80세까지 생존한다면 정기보험이 더 저렴할 것이라는 일반적인 상식과 다른 결과가 나온다. 총 납입보험료는 종신보험으로 40년 납입하는 방법이 조금 더 많다. 그러나 해지환급금으로 7,709만 원을 돌려받을 수 있다. 이는 원금보다 45% 이상 많은 금액이다. 즉 사망할 경우에는 1억 원의 보험금을 받을 수 있고, 생존해 있을 경우 해지환급금을 연금 등 다른 재원으로 활용할 수 있다.

이해를 돕기 위해 정기보험으로 80세까지 보장받는 조건도 따져봤다. 정기보험에 길게 가입하는 것보다 오히려 종신보험에 가입하는 것이 현명하다. 다만 정기보험을 길게 가입하는 조건이다. 실제 정기보험을 장기로 가입하는 사람은 극히 드물 것이다. 50세 정도에 막내 자녀를 출산한 경우가 아니라면 종신보험 가입은 그다지 추천하지 않는다.

종신보험은 상속세를 걱정하는 자산가를 위한 상품이다. 보험사들이 종신보험 판매에 열을 올리는 이유는 종신보험이 보험 상품 중 보험사와 보험설계사의 수익에 가장 도움이 되기 때문이다.

조기 사망을 위한 대비로 사망보험금은 반드시 필요하다. 사망보험금 마련을 위해 반드시 종신보험에 가입할 필요는 없다. 정기보험이 있기 때문이다. 사망보험금이 필요한 시기는 막내 자녀가 경제적 독립을 하기 전까지다. 자녀가 성장할수록 부모의 사망으로 지급받는 고액의 사망보험금은 무의미해진다. 오히려 노후 준비를 위한 자금의 중요성이 커진다. 종신보험보다 연금보험의 중요성이 커지는 것이다.

대부분의 가정은 보험 가입 재원이 한정되어 있다. 종신보험에 가입하면 연금보험 가입이 힘들다. 따라서 비싼 종신보험에 가입하고 후에 종신보험을 활용한 연금전환을 하는 것보다 정기보험과 연금보험에 가입하는 것이 일반적으로 더 현명한 방법이다.

조기 사망 그리고 장기 생존을 위한 보장에 대한 고민이 어느 정도 해결됐으리라 믿는다. 사실 보험을 통해 해결하는 가장 큰 두 가지가 바로 조기 사망과 장기 생존이다. 이 두 가지는 정기보험과 연금보험 조합으로 풀어나가면 된다. 그럼 이제부터 건강에 대한 준비와 더불어 자녀 의료비에 대한 고민을 풀어보도록 하자.

'자녀보험' 보장 기간,
과연 현명한 선택은?

30대 초반까지는 실손의료보험만 있으면 사고나 질병 대부분은 해결된다. 고액의 의료비가 발생하는 질병인 암이나 뇌혈관 질환, 심장병 등에 노출될 확률이 높지 않다. 레저 활동을 하다가 다쳐 병원을 찾는 일이 더 많다. 실손의료보험은 사고에 대해서도 연 5천만원까지 보상이 되기 때문에 별다른 건강보험에 가입하지 않아도 대부분의 질환과 사고에 대한 대비가 가능하다.

결혼을 하고 책임감이 무거워지면서 본격적으로 보험 가입을 고민한다. 자녀를 잉태하면 그 책임감이 더 커진다. 자녀를 낳고 키우다 보면 아이가 아플 때 자연스럽게 드는 생각이 있다. 차라리 대신 아파주고 싶다는 것이다. 자녀는 그만큼 소중한 존재다. 자녀에게 중대한 질병이나 사고가 발생하면 돈은 중요하지 않다. 얼마의 의료비가 발생하든 무조건 치료부터 하는 게 부모의 마음이다.

다행히 요즘 대부분의 질병은 완치가 가능하다. 다만 비용이 문제다. 이런 비용 문제를 자녀보험으로 해결하면 된다. 특히 요즘에는 결혼이 늦어져 임신 시기도 늦다. 만 35세 이상의 여성이 임신한 경우 '고령임신'이라고 하는데, 고령의 경우 임신율이 떨어지는 것은 물론 유산율도 높다. 임신이 되더라도 염색체 이상이 발생할 확률이 높아지며, 임신 중 고혈압 및 난산으로 인한 제왕절개, 조산, 태반이 자궁 출구에 매우 근접해 있거나 출구를 덮고 있는 전치태반, 태반 조기박리, 산후 출혈, 임신성 당뇨 등 임신 합병증에 노출될 확률도 높아진다. 따라서 만 35세 이상의 엄마는 반드시 태아보험을 준비해야 한다.

태아보험은 임신 직후부터 성인이 될 때까지 보장하는 상품을 뜻한다. 어린이보험은 어린이부터 성인까지 보장한다. 보장 기간이 겹치기 때문에 태아보험에 가입 후 자연스럽게 어린이보험으로 변환할 수 있다. 즉 태아보험에서 보상하지 않은 어린이보험만의 담보를 새로 특약에 추가할 수 있다.

일반적으로 생명보험사의 경우 임신 16주부터 22주 내에, 손해보험사의 경우 임신 직후부터 22주 내 태아보험 가입이 가능하다.

특정 보험사의 정책에 따라 가입할 수 있는 기간이 조금 더 늦은 상품도 있다. 하지만 임신 30주 이후부터는 태아보험 가입이 되는 곳이 없다. 태아보험은 태아의 선천적 이상도 보장하기 때문이다. 임신 30주 이후에는 태아의 선천적인 신체 이상을 높은 확률로 확인할 수 있다. 선천적 이상이 있는 태아를 가입시키면 보험사의 입장에서는 보험료를 더 많이 받아야 손해를 보지 않는다. 가입자의 모럴헤저드(moral hazard, 도덕적 해이. 보험업계에선 가입자들이 보험약관을 악용하는 경우 등을 일컫는다) 논란이 생길 수도 있다.

물론 임신 30주가 지나도 자녀를 위한 보험에 가입할 수 있다. 바로 어린이보험이다. 어린이보험은 자녀가 질병에 노출되거나 다쳤을 때는 물론, 사회적 문제가 되고 있는 유괴나 납치, 학교 폭력 등의 피해도 보장받을 수 있다.

어린이보험은 생명보험사와 손해보험사의 보장 특징이 조금 다르다. 생명보험사의 어린이보험은 고액 치료비가 필요한 중증 질병에 대비할 수 있는 보장에 더 특화되어 있고, 손해보험사의 상품은 잦은 입원과 통원치료를 실비로 보장하는 데 특화된 형태다. 가장 좋은 방법은 생명보험사와 손해보험사 상품을 각각 하나씩 가입하는 것이지만, 여의치 않다면 보장 범위가 더 넓은 손해보험사의 상품이 일반적으로 더 적합하다. 큰 병에 대비하는 것은 생명보험 상품이 좋지만, 어린 자녀는 면역력이 약한 반면 활동성은 좋다. 자주 아프고 또 자주 다친다. 소액이라도 보장 범위가 넓은 손해보험사 상품이 생명보험사의 그것보다 더 유리하다.

어떤 상품을 선택하든지 기초치료 보장이 좋고 치료비가 많이 드는 선천성 질환이나 인큐베이터, 백혈병, 소아암 등 고액 치료비가 필요한 질병에 대해 높은 보장을 해주는 상품이 좋다.

자녀를 위한 보험에 가입할 때 많은 사람들이 고민하는 것은 가입 기간이다. 과거 어린이보험은 30세까지만 보장했다. 30세면 대학을 졸업하고 직장 생활을 시작해서 경제적으로 독립하는 시기다. 그러나 최근 어린이보험은 100세까지 보장하는 상품도 판매되고 있다.

일반적으로 보험은 보장 기간이 긴 것이 좋다. 하지만 가입자의 주머니 사정도 고려해야 한다. 태아보험에 가입, 100세까지 보장한다는 것은 100년 동안 자녀의 의료비를 마련해주겠다는 의미다.

하지만 조금만 깊게 생각해보면 100년 동안 보장한다는 게 사실 무의미하다. 바로 물가상승 때문이다. 특히 특정 질병이나 골절 등 사고에 대해 정액 보장하는 생명보험사 상품의 경우 보장금액이 고정되어 있다. 그러므로 시간이 지나 물가상승률이 반영될수록 실제 발생한 의료비에 대해 보장되는 보험금 액수가 적게 느껴질 수 있다.

예를 들어 자녀가 친구들과 놀다가 뼈가 부러지는 사고가 발생했다. 이 경우 어린이보험에서는 30만 원의 재해골절치료비를 보상한다. 뼈가 부러지는 골절은 건강보험의 급여 항목이기 때문에 국가가 대부분 치료비를 부담하고, 환자는 비급여에 대한 부분만 내면 된다. 또 비급여에 대한 부분은 보험에서 보장하는 30만 원이 넘지 않는 것이 보통이다.

그러나 건강보험 재정 악화 탓에 골절치료비를 보장하지 않거나 비급여 부문에 대한 의료비가 높아진다면, 어린이보험에 가입해 있다고 해도 보험금 30만 원은 의료비의 극히 일부분에 불과할 것이다.

앞서 얘기했지만 지난 40년 동안 우리나라 물가는 약 30배 올랐다. 30년 전 3백만 원이면 아파트를 살 수 있는 금액이었다. 태아보험에 가입하는데 100세 만기를 추천하는 것은 사실 보험설계사와 보험사가 더 많은 수익을 내기 위해서다.

금리가 낮아지고 물가상승률도 예전보다 낮아졌지만, 우리나라가 극도의 혼란에 빠질 정도의 심각한 경제위기가 발생하지 않는 이상 물가는 지속적으로 높아질 것이다. 따라서 100세까지 보장하는 자녀보험에 가입한다 해도 50년 후에는 30만 원이라는 보험금은 1회 통원치료비 정도에 불과할 수 있다. 즉 100세까지 보장되는 자녀보험을 유지하기 위한 부모의 부담에 비해, 시간이 지날수록 보상받는 상대적인 금액이 줄어들어 만족도가 낮아질 것이라는 의미다. 굳이 더 많은 보험료를 지출하면서 100세 보장을 선택한다는 것은 분명 재고의 여지가 있는 부분이라 여겨진다.

보장이 계속 줄고 있는 암보험

실손의료보험으로 의료비를, 종신보험이나 정기보험으로 사망보험금을 준비하고 또 자녀를 위한 보험도 마련했다면 30대까지 보장 자산은 어느 정도 마련된 셈이다. 그런데 30대 후반으로 접어들면 체력이 떨어지는 게 느껴진다. 특히 운동이 부족한 사무직이면서 스트레스를 많이 받아 음주나 흡연을 하는 횟수가 많으면 체력 감소는 더욱 빨라진다.

이런 상황에서 친구나 지인 또는 상사가 암 등으로 입원했다는 소식을 들으면 본인의 건강도 걱정되기 시작한다. 병문안 가서 암 환자를 마주하면 암보험은 가입했냐는 물음을 자연스럽게 하게 된다.

불과 10년 전만 해도 암 확진 판정을 듣는다는 것은 사형선고를 받는 것과 같았다. 그만큼 완치하기 쉽지 않은 질병이었다. 그러나 최근에는 암도 완치 확률이 매우 높아졌다. 특히 갑산선암, 유방암, 남녀생식기암 등 일부 암은 발견 가능성도 매우 높아졌을 뿐만 아니라 확진 판정을 받고 완치될 확률도 90% 이상이다.

의학기술이 발전된 만큼 암보험도 많은 변화가 있었다. 2000년 초반 암 발병 증가에 따라 금융 당국은 보험사에 암보험 출시를 적극 권장했다. 암 관련 통계도 제대로 준비되어 있지 않은 상태에서 보험사들은 울며 겨자 먹기로 암 보험 출시를 시작했다. 결과는 뻔했다. 손해율이 지속적으로 높아졌다. 보험사는 상품을 팔아 수익을 내기는커녕 위험율차손이 발생했다. 즉 팔면 팔수록 손해가 발생한 것이다. 때문에 암보험료는 지속적으로 인상되었다. 그러나 보험료를 올리는 것만으로 보험사들의 손실은 해결되지 않았다.

결국 2000년 중반부터 보험사들은 하나둘씩 암보험 판매를 중단했다.

이후 암 관련 적정 보험료를 책정할 수 있을 정도로 암에 대한 통계와 암보험 노하우가 축적되면서 보험사들은 2007년을 기점으로 다시 암보험을 내놓기 시작했다. 시장 반응은 뜨거웠다. 암은 고액 치료비가 발생한다. 암보험은 소액으로 고액 의료비와 요양비를 대비할 수 있는 유익한 수단이다.

초기 암보험과 최근 판매되고 있는 암보험의 가장 큰 차이점은 암의 종류별로 진단금이 차등되어 지급된다는 것이다. 일반적으로 암보험에서 보장하는 암은 고액암, 일반암, 남녀생식기암, 소액암으로 구분한다. 보험사마다 조금씩 다르지만 고액암에는 뼈암, 뇌암, 척수암, 백혈병 등이 포함된다. 고액암은 조기 발견이 쉽지 않아 암이 한참 진행된 3~4기에 주로 증세가 나타나며, 치료도 어려워 완치 확률이 낮은 반면 고액의 치료비가 들어가는 암이다. 일반암은 위암, 간암, 대장암 등이 포함된다. 소액암은 고액암과 반대로 자가진단으로도 확인이 가능해 초기에 암을 발견할 확률이 높고 치료비도 소액이며, 수술 등으로 치료를 하면 완치도 가능한 암이다. 남녀생식기암은 유방암, 자궁암, 전립선암 등이다. 남녀생식기암도 비교적 발견이 조기에 이뤄지고 치료를 위한 의료비도 상대적으로 적다.

예를 들어 2000년 초반의 암보험은 소액암으로 구분되는 갑상선암으로 확진을 받아도 5천만 원 정도의 고액의 보험금을 수령할 수 있었다. 갑상선암 확진 판정을 받고 치료를 받는 데 들어가는 의료비는 5백만 원에도 미치지 못하는 경우가 대부분이다. 게다가 갑상선암 등의 소액암은 발병 확률도 높다. 발병 확률이 높은 반면 치료를 위한 의료비는 소액이 발생하는 암까지 고액의 보험금을 지급하다 보니 전체적인 보험료가 높아질 수밖에 없다.

최근 암보험은 고액암 5천만 원, 일반암 2,500만 원, 남녀생식기암 5백만 원, 소액암 250만 원 등으로 차등 지급된다. 실제 발생하는 의료비 수준과 비슷하게 보험금을 지급하게 된 것이다. 암을 종류별로 구분해 보험금을 차등 지급하니 보험료 부담을 합리적인 수준으로 낮출 수 있었다. 더 많은 사람들이 암보험에 가입해 암을 대비할 수 있게 됐다.

최근에는 암 종류별로 보험금을 차등 지급하는 것은 물론 암의 병기별로도 보험금을 차등 지급하는 상품도 나왔다. 일부 보험사에서 판매하는 스테이지 암보험이다.

암은 보통 1기, 2기, 3기, 4기, 말기 등으로 구분한다. 암 세포가 어디까지 전이되었는가를 보고 암의 병기를 구분한다. 말기로 갈수록 치료가 힘든 것은 물론 치료를 위한 의료비도 많이 발생한다. 이에 따라 소액암이라도 4기 등 암 세포가 많이 전이되고 암 덩어리도 크다고 판단되면 일반암이나 고액암의 진단금을 보장한다.

또 암은 한 번 완치가 되었다고 안심할 수 있는 질환이 아니다. 같은 부위는 물론 다른 부위에도 또 암세포가 생길 수 있다. 최근에는 재발암은 물론 암 확진 판정을 받으면 몇 번이고 반복해서 보장하는 암보험도 등장했다. 이렇게 반복해서 보장한다 해도 보험료가 크게 높아지지 않는다. 암에 두 번 이상 걸릴 확률은 높지 않기 때문이다.

3대질병보험도 반드시 가입해야 하나?

한국인의 사망 원인 중 가장 많은 비중을 차지하는 것이 바로 암이다. 암으로 인한 사망자가 많으니 암보험 가입자도 많다. 한국인 사망 원인 두 번째와 세 번째는 심혈관 질환과 뇌혈관 질환이다. 이에 따라 암을 포함해 심혈관 질환 · 뇌혈관 질환을 집중적으로 보장하는 보험도 있다. 일명 3대질병보험이라 부르는 상품들은 암과 뇌출혈, 급성심근경색증을 고액 보장한다.

사실 3대질병보험이 보장하는 질환은 종신CI보험에서 사망보험금을 선지급하는 질환과 거의 같다. 종신CI보험도 암, 급성심근경색, 뇌출혈 등 중대한 질병에 노출되면 사망보험금의 상당액을 보장한다. 3대질병보험에 가입하면 사망보험금의 상당액을 지급하는 것이 아닌, 보장금액을 보험금으로 지급받는다는 것이 차이점이다.

이미 종신보험이나 정기보험에 가입해 충분한 사망보험금이 있다면 굳이 종신CI보험에 가입할 필요 없이 3천만 원에서 5천만 원가량을 보장받는 3대질병보험에 추가로 가입하는 게 좋다.

참고로 3대질병보험에 고액으로 가입한다면 굳이 암보험에 가입할 필요도 없다. 마찬가지로 암보험에 가입하고 급성심근경색이나 뇌출혈을 보장하는 특약에 가입했다면 3대질병보험에 또 가입할 필요 없다. 중복 가입할 경우 3대 질병에 노출되면 보험금은 많이 받을 수 있겠지만, 납입할 때는 그만큼 부담이다. 암보험에 가입하고 급성심근경색이나 뇌출혈을 보장받는 특약에 가입한 것이나 3대질병보험에 가입한 것이나 사실상 보장이 같다. 둘 다 가입하면 중복 가입이다.

앞서 종신CI보험을 설명할 때 '중대한' 이라는 개념이 모호하며, 이 모호한 개념조차 각 보험사들마다 다르다고 설명했다. 또 '중대한' 질병에 걸릴 확률이 높지 않다는 점도 언급했다. 3대질병보험에서 보장하는 3대질병도 사실 '중대한' 질병들이다.

일반적으로 3대질병이란 한국인의 3대 사망 원인 질환을 뜻한다. 한국인을 사망으로 가장 많이 내모는 질병은 단연 암이다. 두 번째가 뇌혈관 질환이고 세 번째가 심혈관 질환이다. 그런데 3대질병보험도 종신CI보험과 마찬가지로 모든 암이나 뇌혈관 질환, 심혈관 질환을 고액 보장하지 않는다. 암 중에서도 일반암 이상, 뇌혈관 질환 중에도 뇌출혈, 심혈관 질환은 급성심근경색 등 일부만 보장한다.

따라서 무조건 이 상품에 가입할 필요는 없다. 가족력을 확인하고 필요성 여부를 판단하는 게 현명하다.

은행 적금보다 이자 더 주는
저축보험도 있다

———

체력 저하로 암보험이나 3대질병보험 등 건강보험 가입 여부를 고민할 정도가 되면 어느새 나이는 40세로 접어든다. 회사에서 40세는 차장이나 팀장, 부장의 반열에 오를 나이다. 책임자나 관리자가 되는 시기다. 소득도 제법 증가한다. 자녀는 초등학생 정도가 될 것이며, 아이를 일찍 낳았다면 중학생이 될 정도로 훌쩍 자랐을 것이다. 사교육비가 제법 발생하지만 그만큼 소득도 증가해 여유도 생겼을 것이다.

40대부터는 본격적으로 자산을 쌓는 시기다. 목돈 마련을 위한 방법은 많다. 어떤 사람은 사업을 통해 소득을 늘리기도 하며, 어떤 사람은 부동산이나 주식, 펀드 등에 투자해 수익을 남기기도 한다. 그러나 안정적인 생활을 원하는 대다수의 직장인이나 자영업자들은 원금 손실 위험이 없는 적금이나 예금을 선호한다.

40대이고, 앞으로 소득 발생 시기가 10년 이상 남았다면 저축보다 많은 수익을 기대할 수 있으며 높은 안정성까지 갖춘 상품이 바로 보험이다. 보험에 가입하고 5년 이상 납입, 10년 이상 유지하면 이자 차익에 대해 전액 비과세 혜택이 주어지기 때문이다. 심지어 최근 나온 일부 저축보험*은 조기 해지해도 원금 손실은커녕 무조건 은행 적금보다 더 많은 수익을 챙겨주기도 한다.

앞서 살펴본 실손의료보험, 어린이보험, 종신보험, 암보험은 모두 보장성보험으로 구분된다. 질병이나 사고 등이 발생해 신체에 예기치 못한 피해가 발생했을 때 이에 대해 금전적으로 보상한다. 보험업법에서는 보장성보험을 만기에 받을 수 있는 환급금이 납입한 보험료 원금을 초과하지 않는 상품으로 정의한다.

저축성보험★★ 주계약은 대부분 사망이나 심한 후유장애가 발생했을 때에만 보장한다. 보장하는 금액도 매월 납입하는 보험료의 5배에서 10배 정도다. 매월 30만 원을 저축성보험에 납입하다가 사망하면 150만 원에서 3백만 원의 사망보험금을 보장한다. 물론 사망 전까지 납입한 보험료와 이자 등도 함께 지급한다.

이처럼 보장 액수가 적은데도 저축성보험에 가입하는 이유는 무엇일까? 바로 은행 예·적금 상품보다 높은 이율 때문이다. 보험업법에서도 저축성보험을 만기 해지환급금이 납입한 보험료보다 많아야 한다고 정의한다.

★ **저축보험**
  저축에 특화된 보험이다. 저축보험도 보험이기 때문에 보장 기능이 있지만 이 보장 액수가 크지 않다. 저축보험의 보장은 사망 시 매월 납입하는 보험료의 5배에서 10배 수준이다. 즉 매월 30만 원의 보험료를 저축보험에 납입한다면 사망 시 150만 원에서 3백만 원 정도의 사망보험금과 함께 납입한 보험료 원금과 보험 차익을 지급한다. 이처럼 보장 금액이 낮은 이유는 납입한 보험료 대부분을 운용해 높은 수익을 되돌려주기 위함이다.

★★ **저축성보험**
  보험업법에서는 만기에 납입한 보험료보다 많은 환급금을 지급하는 보험을 저축성보험이라 정의한다. 저축성보험에는 저축보험을 포함해 연금보험, 변액적립보험, 양로보험 등이 있다. 참고로 양로보험은 저축보험에 보장 기능이 합쳐진 상품을 뜻한다.

저축성보험은 보통 공시이율*을 적용한다. 공시이율이란 은행 예금이나 적금에 적용하는 금리와 비슷한 개념이다. 은행은 한국은행의 기준금리를 기준으로 예금이나 적금 금리를 결정한다. 반면 보험사 공시이율은 국고채(5년), 회사채(3년), 통원증권(1년), CD(91일) 시중 실세 장·단기 금리와 운용자산이익률을 반영해 결정한다.

즉 은행 예금 금리보다 보험사 공시이율이 실세 금리(시중 자금의 실질적 가치를 반영한 금리)를 조금 더 적극적으로 반영하는 것이다. 이에 따라 공시이율은 은행 금리보다 보통 1%에서 2% 정도 높은 수준을 유지한다. 2016년 은행의 1년 만기 예금 금리는 1.6% 수준이다. 반면 공시이율은 3% 내외에서 형성되어 있다. 이처럼 저축성보험 공시이율이 은행 예·적금 금리보다 높기 때문에 오래 투자할수록 저축성보험의 수익률이 은행 이자보다 많아지는 것이다.

그러나 저축성보험에 투자할 때 반드시 살펴봐야 할 게 있다. 보험은 사업비를 가입 초기에 집중적으로 차감한다. 따라서 조기 해지하면 원금도 받지 못할 수 있다. 일반적으로 보험설계사를 통해 가입하는 보험은 10년을 기점으로 은행 적금보다 해지환급금이 많

★ **공시이율**
은행의 예·적금은 금리를 적용한다. 반면 보험은 공시이율을 적용한다. 요컨대 보험에 적용하는 금리를 공시이율이라 생각하면 쉽다. 공시이율은 보통 은행 예금 금리보다 1%포인트에서 2%포인트 높다. 보험사는 운용자산이익률과 국고채, 회사채 등 시중 실세 금리를 반영한 공시기준이율에 향후 예상 수익 등 경영 환경을 고려해 공시이율을 결정한다.

아진다. 10년 시점에 비과세가 적용되기 때문에 보험 차익에 대한 세금을 내지 않아도 된다. 다만 보험사는 인지도가 높은 대형사가 중소형사보다 낮은 공시이율을 적용하기 때문에 S생보, H생보, K생보 등 대형사의 저축성보험은 10년 이상의 기간이 경과해야 해지 시 받는 돈이 은행 적금보다 많아진다.

최근에는 조기 해지 시 납입원금보다 더 적은 해지환급금을 받게 되는 문제점을 해결한 저축성보험도 등장했다. 사업비 차감 방식을 기존 저축성보험과 달리 적용한 상품이다.

일반적인 보험 상품은 해지공제를 적용한다. 해지공제란 해지할 때 수당 등으로 선지급된 사업비 중 아직 차감하지 못한 사업비를 먼저 공제한 후 해지환급금을 지급한다는 의미다. 이런 해지공제를 없앤 '무해지공제' 상품이 있다.

무해지공제란 말 그대로 해지공제가 없다는 의미다. 조기에 해지해도 아직 다 떼지 못한 사업비를 공제하지 않는다. 또 사업비를 초기에 집중해서 차감하는 것이 아닌 7년에 걸쳐 조금씩 차감한다. 보험사 입장에서 고객이 해지만 하지 않으면 사업비로 떼는 총 금액은 비슷하다. 다만 조기 해지할 경우에는 사업비 일부만 취하게 된다. 반면 보험소비자 입장에서는 가입 후 예기치 못한 돈이 필요할 경우 보험을 해지해도 큰 손실을 보지 않아 유리하다. 또 조기에 보험료 적립금으로 책정된 자금도 많아져 소폭이지만 투자 이익도 증가한다.

비유해서 설명하자면 해지공제는 비행기를 타고 여행을 가는 것과 같다. 비행기를 타면 중도에 내릴 수 없다. 비행기가 날고 있는 데 내리면 매우 위험하다. 저축성보험을 포함해 일반적인 보험 상품은 비행기 표처럼 목적지, 다시 말해 일정 기간까지 가입을 예상하고 사업비를 책정하는 것이다. 따라서 목적지에 도착하기 전에 내리지 않아야 하며, 만약 중간에 내린다면 원금 손실 위험도 있는 것이다. 비행하고 있는 중간에 뛰어내리는 결정을 한다면 매우 큰 피해를 입게 되는 것과 비슷하다.

반면 무해지공제는 택시를 타고 장거리 여행하는 것과 비슷하다. 택시 요금은 주행 거리에 따라 지속적으로 올라간다. 무해지공제는 초기 사업비를 많이 떼지 않는 대신 보통 7년에 걸쳐 조금씩 사업비를 차감한다. 다만 처음 택시를 탈 때 이동 거리를 협의하고 일정 금액 이상 택시비가 붙으면 더 이상 지급하지 않는다는 약정을 한 셈이다.

최근 온라인으로 판매하고 있는 일부 저축보험은 사업비 부과 방식을 기존 보험료나 가입금액에 연동하지 않는 새로운 방식으로 적용하고 있다. 바로 '경과이자비례방식'이다. 경과이자비례방식은 무해지공제보다 더 고객 친화적이다. 보험임에도 불구하고 원금 손실 위험이 전혀 없다. 가입 직후 해지해도 원금은 물론 이자까지 지급된다. 보험 조기 해지는 손해라는 상식을 완전히 뒤집은 원금 보장형 상품이다.

원조는 L생보의 100% 원금보증형 저축보험이다. 이 상품은 기존 저축보험과 다르다. 사업비 부과 방식을 혁신해 '경과이자비례방식'을 처음으로 도입했다. 보험 사업비를 고객이 납입한 보험료에서 떼는 것이 아닌, 보험 적립금의 이자에서 뗀다. 또한 현재 예·적금 금리가 1.6% 수준인데 비해 이 상품의 이율은 은행 예·적금의 두 배가 넘는 수준이다. 때문에 무조건 원금을 보존하는 것은 물론 은행 예·적금보다도 높은 이자를 제공한다.

'흔히 수익이 있는 곳에 세금이 있다'는 비유를 한다. 경과이자비례방식의 저축보험은 '이자가 있는 곳에 사업비가 있다' 정도로 말을 바꿀 수 있을 것이다. 적금은 납입하는 원금에서는 세금을 떼지 않고 이자가 발생하면 세금을 뗀다. 경과이자비례방식의 저축보험도 가입하고 보험 차익이 발생하면 사업비를 떼며 원금에서는 사업비를 떼지 않는다. 기존 보험 상품과 달리 원금에서 사업비를 전혀 책정하지 않고, 높은 이율까지 적용하니 무조건 적금보다 높은 수익을 낼 수 있는 것이다. 공시이율이 하락해 경과이자가 적어지면 보험사의 사업비도 적어지는 소비자 지향형 상품이다.

보험소비자는 저축보험을 선택할 때 반드시 해지공제인지, 무해지공제인지, 경과이자비례방식인지 등의 사업비 부과 방식을 확인해야 한다. 해지공제보다는 무해지공제가 소비자에게 더 유리하다. 또 일반적으로 무해지공제보다 경과이자비례방식이 소비자에게 더 유리하다. 다만 20년 이상 장기 투자하는 경우라면 무해지공제와 경과이자비례방식 등 사업비를 부과하는 방식에 따른 환급률을 확인해봐야 한다.

경과이자비례방식은 적립금에 붙은 보험 차익인 이자 수익에서만 사업비를 차감한다. 따라서 보험 차익이 커지면 더 많은 사업비를 부과하게 된다. 그럼 경과 기간이 길어짐에 따라 적립금에 비례해 사업비를 부과하는 펀드처럼 사업비 차감도 많아지는가? 그렇지 않다. 이 상품은 일정 시점이 지나면 일반 저축성보험의 사업비 수준으로 사업비 한도를 정하고 있다. 20년 이상 장기 투자를 고려하고 있다면 무해지공제나 경과이자비례방식 등의 사업비 부과 구조를 이해하고 공시이율에 따른 초기 수익률뿐 아니라 만기 시 환급률까지 꼼꼼히 비교 후 가입해야 한다. 요약하면 경과이자비례방식이라는 새로운 사업비 부과 방식을 도입한 L생보의 100% 원금보증형 저축보험은 그동안 보험 민원의 대부분을 차지했던 '보험 가입 후 해지하면 손해'라는 고객 인식을 새롭게 전환하는 데 크게 기여할 것으로 기대한다.

요컨대 단기적으로 필요한 자금은 은행 적금 대신 경과이자비례방식의 저축보험을 선택하는 게 더 좋다. 보험의 비과세 요건을 충족하지 못한 10년 이내에 해지해도 경과이자비례방식의 저축보험이 은행 적금보다 무조건 더 높은 이자 차익을 지급하기 때문이다.

오명을 쓴 변액적립보험, 사실은 매우 좋은 상품

저축보험에도 공시이율이 아닌 변액 기능을 도입한 상품이 있다.

바로 변액적립보험이다. 일반적으로 변액보험도 조기 해지를 하면 보험 적립금에서 사업비를 차감하는 '해지공제'가 적용된다. 때문에 원금 손실 위험이 있다. 투자 손실이 발생할 경우도 마찬가지다. 변액적립보험 중 일부는 '무해지공제'를 도입했다. 보험사가 사업비를 선결제하지 않는다. 이에 따라 소비자는 만약의 경우 조기 해지를 해도 손실을 보지 않거나 적은 손실을 보고, 장기 투자를 하면 해지공제 상품보다 더 높은 기대수익을 얻을 수 있다.

사업비를 해지공제 방식으로 차감하는 변액적립보험은 5년 후 해지하면 원금의 80% 정도만 돌려받는다. 그러나 '무해지공제'를 적용한 일부 변액적립보험은 가입 후 5년 이내 해지해도 원금 이상의 수익을 낼 수 있다. 2016년 3월 현재 변액적립보험 중 무해지공제가 적용된 상품은 세 개다. 가입 3개월 만에 해지해도 원금의 90% 이상을 받을 수 있다. 표준이율 3.25%의 2배인 6.5%로 수익이 난다고 가정하면 5년 수익률은 세 상품 모두 100%를 초과한다 (40세 남성, 10년 납 가정).

세 가지 상품 중 시장점유율이 가장 큰 M생보 상품을 중심으로 살펴보면 40세 남성이 10년 납으로 가입하고 투자수익률이 6.5% 난다고 가정했을 때 3개월 환급률은 92.7%, 1년은 94.8%, 3년은 100.6%다. 즉 3년 만에 원금을 회복한다. 5년 환급률은 106.9%, 10년 126.6%, 15년 169.0%, 20년 225.6%를 기록한다. 이들 상품은 보장에 초점을 둔 것이 아닌 저축과 투자에 목적이 있기 때문이다.

변액적립보험은 참 많은 오명을 받았다. 적립식펀드가 유행할 때 이 상품이 적립식펀드처럼 판매됐다. 주식시장이 좋을 때 가입하고 좋지 않을 때 해지하니 원금의 대부분을 받지 못하게 된 것이다. 투자 상품인데 수익은커녕 손실만 본다는 오명이 아직까지 이어지고 있다. 따라서 변액적립보험이라 하면 눈살부터 찡그리는 사람이 많다. 그러나 사실은 매우 좋은 상품이다. 은행 예·적금은 물가상승률 이상의 수익을 기대하기 힘들다. 예·적금의 두 배 수준의 공시이율로 부리되는 저축보험이 있다. 하지만 장기 수익률은 변액적립보험이 더 좋은 게 일반적이다. 특히 무해지공제까지 적용된 변액적립보험은 일반적인 저축보험보다 높은 수익을 기대할 수 있다.

다만 변액적립보험은 상품 구조가 매우 복잡하다. 납입한 보험료의 대부분을 보험 내 펀드에 투자해 실제 수익률을 배당받기 때문이다. 보험에 대한 이해는 물론 주식시장에 대한 이해도도 높아야 펀드를 변경하면서 높은 수익을 챙길 수 있다. 안타깝게도 금융시장 전체를 깊게 이해하는 사람은 많지 않다.

이렇게 복잡한 상품 구조 때문에 이 상품을 제대로 설명할 수 있는 보험설계사도 사실 많지 않았다. 그래서 아직까지도 오명을 벗지 못한 것으로 보인다. 그럼에도 장기 투자를 계획하고 있다면 저축보험보다 변액적립보험 투자를 권한다. 저금리 상황으로 예·적금으로는 결코 돈을 벌 수 없는 상황이다. 장기 투자는 필수이며, 약간의 위험을 감수하고라도 주식시장에 기대를 해야 한다. 또 최근 변액적립보험은 가입자가 직접 펀드를 변경하지 않아도 보험사가 직접 수익률 관리를 해주는 기능을 도입하기도 했다. 여기에 무해지공제까지 적용된 상품도 있다.

투자 성향에 따른
똑똑한 연금보험 선택법

노후 준비의 중요성은 다 알고 있는 사실이다. 돈 없는 노후는 행복하지 않을 것이다. 심지어 정년이 빨라지는 것은 물론 임금피크제 등을 도입해 정년이 되면 회사에 다녀도 급여가 상당히 줄어들게 된다. 돈 없이 오랜 기간 사는 것에 대비해 40대에는 연금보험에 반드시 가입해야 한다. 그래야 비과세를 받을 수 있는 요건인 10년 이상 유지가 가능하다.

보험사의 연금 상품은 납입할 때 세액공제 혜택을 받는가, 아니면 장기 유지할 때 비과세 혜택을 받는가에 따라 세제적격 연금저축보험과 세제비적격 연금보험으로 구분된다.

세제적격 상품인 연금저축보험은 납입할 때 연 4백만 원 한도에서 최대 16.5%(지방소득세 포함)를 세액공제 받는다. 4백만 원 이상을 연금저축보험에 납입한다면 지방세까지 합쳐 최대 66만 원의 세금을 돌려받을 수 있는 셈이다. 세제비적격 상품인 연금보험은 납입할 때 세금 혜택은 없다. 대신 가입 후 10년 이상을 유지하면 보험으로 발생한 이자나 수익 등 차익에 대해 전액 비과세 혜택이 있다.

이처럼 납입할 때 절세 혜택을 받을 수 있는가 또는 장기 유지할 때 절세 혜택을 받을 수 있는가에 따라 투자 전략도 달라져야 한다. 일반적으로 소득이 많지 않을 경우 절세액이 정해져 있는 연금저축보험이 유리하고, 많은 자산을 장기적으로 투자할 수 있다면 연금보험이 좋다. 특히 사회초년생들은 저금리 시대에 '13월의 월급'이라는 연말정산 세테크를 위해 먼저 세제적격 연금저축보험을 고려해야 한다.

연금보험도 자산을 굴리는 방식에 따라 공시이율연금보험과 변액연금보험으로 구분한다. 안전성을 더 중요시하는 투자 성향이거나 은퇴 직전이라면 공시이율로 자산을 굴리는 연금보험이 더 적합하다. 반면 투자 성향이 공격적이라거나 나이가 젊을수록 변액연금보험을 선택하는 게 현명하다.

공시이율연금보험은 연금보험의 일반적인 형태다. 따라서 굳이 공시이율연금보험이라 하지 않고 연금보험이라 칭한다.

앞서 밝혔듯이 공시이율은 은행 예·적금 상품 금리와 비슷한 개념이다. 공시이율이 높으면 더 많은 수익을 낸다. 일반적으로 공시이율은 은행 적금 금리보다 1~2% 정도 높다. 국고채나 회사채 등 실세 금리를 반영하기 때문이다. 연금보험 적용 금리인 공시이율이 은행 예·적금보다 높기 때문에 장기 투자할수록 은행 상품보다 연금보험이 유리하다.

최근 한국의 기준금리는 지속적으로 낮아져 2016년 3월 현재 1.5%로 사상 최저치를 기록하고 있다. 공시이율이 은행 예·적금 금리보다 높지만 그렇다고 기준금리를 무시하지는 못한다. 시장금리도 기준금리에 따라 낮아지기 때문이다.

다만 공시이율을 적용하는 연금보험은 저금리에도 투자자를 위한 안전장치를 두고 있다. 최저보증이율 제도다. 현재 가입 가능한 연금보험은 일반적으로 10년 미만 1.5%, 10년 이상 1.0%의 이율을 최저 보증한다. 시장금리가 0%로 하락해도 무조건 최저보증이율은 지급한다는 의미다.

반면 기준금리가 상승할 가능성도 있다. 금리가 올라가면 연금보험의 공시이율도 덩달아 올라간다. 공시이율이 올라가면 연금보험의 적립금은 더 높은 이율로 부리된다. 더 많은 이자가 붙는 것이다. 그러나 은행 예·적금은 가입 당시의 금리가 유지되기 때문에 시장금리가 급격히 상승할 때 기회비용 손해가 발생할 수 있다. 만약 예·적금을 해지한 후 다시 가입한다 해도 문제다. 예·적금은 만기까지 유지하지 않으면 금리를 매우 낮게 적용하기 때문이다.

연금보험은 은행 예·적금 금리보다 1~2% 정도 높은 공시이율을 적용해 장기 투자에 유리하다. 공시이율은 시장 금리를 반영하기 때문에 금리 상승기에는 상품을 해지하지 않아도 공시이율이 덩달아 올라가며, 연금보험 적립금에 자동으로 이자가 붙는다. 말했듯이 금리가 계속 낮아진다 해도 걱정할 필요 없다. 최저보증이율 제도가 있어 초저금리 시대에도 일정 이율 이상을 지속적으로 유지할 수 있다. 마지막으로 보험이기 때문에 10년 이상 유지하면 이자나 배당 등 보험 차익이 전액 비과세가 된다.

공시이율 적용 연금보험은 적립금에 실세 금리를 적용한다면 변액연금보험은 적립금을 펀드 등에 투자해 수익을 적용한다는 점이 가장 큰 차이점이다.

변액연금보험은 고객이 납입하는 보험료를 일반계정과 특별계정으로 구분한다. 일반계정은 가입자에게 사망이나 장해가 발생할 경우 보험금을 지급하기 위한 용도로 사업비와 위험보험료 등이 포함되어 있다. 특별계정은 펀드로 주식이나 채권 등에 투자해 물가상승률 이상의 수익률을 목표로 운용한다.

최근 기준금리가 사상 최저 수준으로 낮아지면서 금융시장에 유동성이 넘치고 있다. 유동성은 주식시장으로 흘러들어가 주가 상승의 원동력이 된다. 주가가 높아지면 변액연금보험의 수익률도 높아진다. 투자자들은 향후 받을 수 있는 연금액이 많아지게 된다. 그러나 주식시장이 항상 상승하는 것은 아니다. 이럴 때를 대비해 변액연금보험은 펀드변경권이라는 안전장치를 마련했다. 이 제도를 활용해 1년에 최대 12번까지 가입자 마음대로 펀드를 변경할 수 있다.

변동성이 크지만 그만큼 높은 수익을 기대할 수 있는 주식시장이 살아날 것으로 예측된다면 변액연금보험 특별계정에 투입된 자금의 상당 비중을 주식형펀드로 변경하는 것이다. 주식형펀드 수익률이 높아지면 높아질수록 향후 받을 수 있는 연금액도 많아진다. 반면 주식시장이 하락할 것으로 예측된다면 또다시 펀드변경권을 활용해 채권형펀드 비중을 높이면 된다. 주식형펀드 투자로 높여놓은 수익률을 안정적으로 지킬 수 있다. 펀드변경권을 활용하면 주식시장 상승기에는 높은 수익을 기대할 수 있고 하락기에는 채권으로 갈아타 자산을 안정적으로 지킬 수 있는 것이다. 참고로 이런 펀드변경권은 변액연금보험은 물론 변액적립보험 등 모든 변액보험에 해당되는 사항이다.

대부분의 변액연금보험 가입자들은 투자 전문가가 아니다. 이익은커녕 손실만 볼 수도 있다. 그러나 변액연금보험 투자자라면 최소한 원금 손실 걱정은 할 필요가 없다. 변액연금보험은 장기 투자를 활성화해 가입자들이 여유로운 노후를 보낼 수 있도록 연금 개시 시점에 무조건 원금 이상의 수익을 낼 수 있도록 제도화했다. 요컨대 원금 손실 위험은 모두 보험사에게 떠넘기고 가입자는 펀드변경권을 활용해 자유롭게 주식시장 등 펀드에 투자하면서 수익만 기대할 수 있는 것이다. 향후에는 이 최저보증제도를 계약자가 선택할 수 있도록 제도가 변경될 예정이다.

은퇴 시점이 얼마 남지 않았거나 안전을 우선시하는 투자 성향이라면 공시이율형 상품이 적합하다. 다만 40대로 10년 이상 투자가 가능하거나 투자 성향이 공격형이라면 변액연금보험을 추천한다. 단기적으로 주식시장은 등락을 반복하지만, 장기적으로는 상승하기 때문이다.

변액연금보험,
연금으로 받으면 손해일까?

───────

이미 변액연금보험에 가입한 사람이라면 은퇴 후 변액연금보험에서 연금을 받지 않는 것이 더 많은 돈을 활용할 수 있는 방법일 수 있다. 변액연금보험에서 연금 개시를 신청하는 것이 아닌 자동중도인출로 적립금을 개인 통장으로 입금하게 만드는 것이다. 일부 변액연금보험을 제외하고 과거에 가입한 대부분의 변액연금보험은 연금 개시를 신청하면 적립금이 실적배당되는 게 아닌 공시이율로 부리된다. 요컨대 더 이상 주식시장 등에 투자하지 않고 그냥 공시이율로 책정된 금리만 적용받게 되는 것이다.

40세 남성이 매월 1백만 원씩 10년간 변액연금보험에 납입해 지속적으로 7%의 수익률을 기록하며 60세에 종신형으로 연금을 개시해 119만 원을 80세까지 받는다고 가정했다. 이 경우 연금보험에 납입한 총보험료는 1억 2천만 원이며, 80세까지 수령하는 연금액은 약 2억 8,600만 원이고 잔여 연금적립금은 약 1억 5천만 원이었다.

반면 40세 남성이 매월 1백만 원씩 10년간 변액연금보험에 납입하고 지속적으로 7%의 수익률을 기록한다는 조건은 같지만, 60세에 연금을 개시하는 것이 아닌 매월 119만 원씩 중도 인출을 한다고 가정했다. 이 경우에도 80세까지 변액연금보험 중도인출로 수령할 수 있는 금액은 약 2억 8,600만 원으로 동일하다. 그러나 남아 있는 연금적립금은 약 2억 9천만 원이다. 이 연금적립금을 활용하며 80세부터 연금을 개시해도 20년간 매월 170만 원을 더 수령할 수 있다.

위의 가정은 다소 극단적이다. 장기적으로 수익률 7%를 거두기는 무리다. 대부분의 변액연금보험은 특별계정 적립금 50% 이상을 채권형펀드에 투자해야 한다는 규정이 있기 때문이다. 다만 변액연금보험 가입자들이 무조건 연금을 개시하기 전에 자동중도인출 기능을 활용하는 것이 현명할 수 있다는 점을 부각하기 위해 이런 극단적인 예를 들었다.

변액연금보험은 특별계정에 투입된 적립금을 펀드에 투자해 주식이나 채권 등으로 운용한다. 주식시장 상승 등으로 수익률이 좋으면 향후 더 많은 연금적립금을 만들 수 있다. 저금리 기조로 인해 공시이율보다 펀드로 주식시장 등에 투자하는 것이 장기 수익률에 더 유리하다.

그러나 과거에 판매했던 변액연금보험은 연금 개시 시점부터 펀드 등에 투자해 적립금에 높은 수익률을 올릴 수 있는 실적배당이 불가능하다. 연금 개시 시점에서 모든 적립금은 공시이율로 부리된다.

요컨대 40세부터 변액연금보험에 가입하고 60세에 연금을 개시하면 펀드로 주식 등에 투자할 수 있는 기간은 20년뿐이다. 60세 연금 개시를 한 이후에는 주식시장이 아무리 활황기라도 적립금이 공시이율로 부리되기 때문에 주가 상승에 따라 적립금이 불어나는 기쁨을 맛보지 못한다.

따라서 연금이 필요한 시기에도 연금 개시 대신 자동중도인출★ 기능을 활용하는 것이 현명할 수 있다. 자동중도인출 기능이란 가입자가 지정한 통장으로 적립금의 일부를 매월 지급하는 기능이다. 매월 같은 날 변액연금보험 적립금 일부가 월급처럼 들어오게 되니 연금을 받는 것과 동일한 효과를 볼 수 있다. 자동중도인출 기능은 보험사 고객플라자 등에서 신청 가능하다.

최근 변액연금보험들은 연금 개시 시점에 적립금이 공시이율로 전환되는 허점을 보완했다. 특약 등을 활용해 연금 개시 이후에도 펀드에 투자해 실적배당이 되도록 설정할 수 있다. 최근 가입 가능한 변액연금보험은 연금 개시 이후에 실적배당으로 적립금을 운용할 수 있는 기능 외에도 스텝업 기능이 추가되어 있는 상품이 있다.

스텝업이란 가입 후 기준일마다 계약자 적립금이 직전일의 최저보증금액을 초과할 경우 자동으로 그 초과분을 최저보증금액으로 설정하는 기능이다. 덕분에 투자 손실이 발생해도 계약자는 손해를 보지 않는다.

★ **자동중도인출**
보험사의 고객센터나 지점, 전화 및 사이버센터 등에서 신청할 수 있다. 보험에 쌓여 있는 적립금 내에서 지정한 금액이 지정된 통장으로 매월 입금된다. 자동중도인출 기능을 활용하면 사실상 연금을 수령하는 것과 동일한 효과를 볼 수 있다. 이 기능을 신청한다고 비용이 발생하지도 않는다. 보험사에서 제공하는 일종의 서비스이기 때문이다. 물론 신청했던 것과 동일한 방법으로 기능을 해지할 수도 있다.

　고급자동차는 운전자의 편의를 위해 크루즈컨트롤 기능이 탑재되어 있다. 크루즈컨트롤이란 운전자가 설정한 기능으로 항속운전이 가능하도록 한 장치다. 고속도로에서 이 기능을 켜고 시속 80㎞로 설정해놓으면, 가속페달을 밟지 않아도 80㎞로 운행한다. 교통흐름이 원활해 가속페달을 밟으면 가속된다. 다시 가속페달에서 발을 떼면 80㎞로 운행된다.

　스텝업 기능은 고급자동차의 크루즈컨트롤과 비슷하다. 크루즈컨트롤 기능이 운전자가 설정한 속도 이하로 최저속도가 내려가지 않듯, 스텝업 기능은 기준일에 발생한 수익은 무조건 지켜준다. 변액보험의 단점인 변동성 위험에서 적립금의 가치가 하락하는 것을 지켜주는 반면 수익은 무조건 챙길 수 있는 것이다.

　스텝업 기능이 부여된 변액연금보험이 인기를 끌고 있는 것은 저금리 기조 때문이다. 지난 2012년 6월 은행 평균 예금 금리가 3%대로 추락한 이후 2016년 3월 현재 예금 금리는 우대 금리까지 포함해 아무리 높아야 2% 초반이다. 15.4%의 이자소득세까지 감안하면 1%대 금리에 불과하다.

주식시장은 지난 2011년부터 박스권을 돌파하지 못하고 있는 모습이다. 부동산도 불패신화가 깨졌다. 마땅한 장기 투자 상품을 찾지 못하는 투자자들은 한 번 올린 수익이라도 지속적으로 유지해야 한다. 스텝업 기능으로 한 번 올린 수익은 연금 개시 전까지 지키고 연금 개시 이후에도 펀드에 투자해 실적배당을 노리는 것이다.

연금저축계좌
과연 어느 것이 좋을까?

연금저축계좌는 연간 4백만 원 한도 내에서 납입금액의 최대 16.5%(지방소득세 포함)를 세액공제받을 수 있다. 즉 대표적인 절세 상품이자 짠테크 상품이다. 최근 연금저축계좌 이동 간소화로 보험·펀드·신탁 등 상품별로 이동도 많아졌다. 이에 따라 어떤 상품에 장기 투자해야 좋은지에 대한 궁금증을 가진 사람도 많다.

연금저축은 은행은 물론 보험사와 증권사 등 금융기관에서 모두 취급하는 정책 상품이다. 4백만 원을 납입할 때 환급액은 최대 66만 원이다. 환급받은 금액을 투자수익률로 환산하면 무려 16.5%의 수익을 올린 것과 동일하다.

연금을 받을 때 떼는 연금소득세율도 낮다. 5.5%(55세~ 69세),

4.4%(70세~79세), 3.3%(80세 이상)인데, 소득세율 중 가장 낮은 수준이다. 높은 절세 혜택이 있기 때문에 가입할 때 몇 가지 조건이 있다. 5년 이상 납입해야 하고, 55세 이후부터 10년 이상 연금 형태로만 수령할 수 있다. 만약 중도에 해지하면 절세받은 금액의 상당액을 추징당한다.

금융 당국이 추진하고 있는 정책 상품으로 절세 혜택을 주는 대신 노후 자금으로 활용하도록 유도하겠다는 의미다. 절세 혜택은 공통적이지만 연금저축보험·펀드·신탁을 세부적으로 살펴보면 각각 다르다. 따라서 본인의 상황과 성향에 맞는 상품에 가입하는 것이 현명하다.

연금저축계좌 중 연금저축보험이 약 70% 비중을 차지하고 있다. 연금저축보험은 매월 정해지는 공시이율을 적용하는 변동금리형 상품인데, 공시이율은 각 보험사별로 운용자산이익률과 시중금리를 고려해 매월 보험사가 정한다.

장기 상품일 뿐만 아니라 보험사의 운용 실적도 반영되는 만큼 시중의 1년 만기 금리보다는 높은 수준이다. 또 연금저축보험은 최저보증이율을 두고 있어 운용수익률이 지나치게 추락하는 위험을 방지한다. 일반적으로 10년 이내에는 1.5%, 10년 초과부터는 1.0%를 최저보증하고 있다.

다만 연금저축보험도 보험의 성향을 가지고 있다. 일반적으로 보험은 사업비를 선결제하는 방식이다. 연금저축보험은 7년에 걸쳐 사업비를 뗀다. 만약 7년이 되기 전에 해지하거나 이동하면, 향후 차감할 예정이었던 사업비까지 한꺼번에 차감한다. 즉 빨리 해지할수록 원금 손실 위험도 있는 것이다. 반면 사업비 선취 방식 덕분에 장기 투자에는 가장 유리하다. 7년 이후에는 극히 미미한 유지관리 사업비를 제외하면 비용이 거의 발생하지 않는다. 나이가 젊을수록 연금저축계좌 중에 연금저축보험이 유리하다.

연금저축펀드도 있다. 상품명에서 명시되어 있는 것처럼 펀드다. 펀드는 주식이나 채권 등에 투자한다. 수익률이 높으면 더 많은 자산을 축적할 수 있지만 손실 위험도 있다. 최근 연금저축계좌 간소화가 시행되면서 연금저축보험의 자산이 빠르게 연금저축펀드로 이동하고 있는 것도 높은 수익률을 기대할 수 있기 때문이다.

연금저축보험이 장기 투자에는 유리하지만 단기 투자에는 불리하다는 큰 단점을 가지고 있다면, 연금저축펀드는 두 가지 단점이 있다.

연금저축보험, 연금저축펀드, 연금저축신탁 등 연금저축계좌는 5년 이상 투자해야 하고 55세 이후부터 10년 이상 연금으로만 수령해야 한다. 즉 최소 15년 이상을 보유하고 있어야 한다. 연금저축펀드의 기대수익률이 높다는 것은 손실 위험도 크다는 의미다.

노후 자금을 마련하는 것이 연금저축계좌의 기본 목적인만큼 수익 극대화만을 노리다 실패한다면 여유롭지 못한 노후를 보낼 수도 있다. 따라서 주식형에만 국한하지 말고 글로벌 멀티에셋인컴펀드, 자산배분펀드, 공모주펀드, 글로벌헤지펀드, 위안화채권펀드 등 중위험 · 중수익 상품 투자를 확대해 투자 안정성을 높이는 게 좋다. 다만 이런 금융 상품 구조와 수익률 등락에 대응할 수 있는 방법을 아는 사람은 많지 않다.

또 하나의 단점은 비용을 떼는 구조에 있다. 연금저축보험은 사업비를 초기에 집중적으로 떼고 7년 후에는 거의 떼지 않지만, 연금저축펀드는 투자 자산의 1.7% 정도의 수수료를 매년 뗀다. 장기 투자할수록 투자 자산은 커진다. 즉 연금저축펀드를 유지하기 위한 비용의 절대 크기는 매년 증가한다는 의미다. 따라서 초장기 투자보다는 최소 보유 기간인 15년에서 20년 정도의 투자가 현명하다. 금융·투자시장의 속성을 파악하고 있는 4050 세대가 투자하는 게 현명하다.

연금저축신탁은 은행이 미리 정한 금리로 이자가 붙는 것이 아니라 신탁자산의 운용 성과에 따라 달라지는 실적배당 상품이다. 가입자가 납입한 원금은 보장되고 매우 안정적으로 운용돼 금리 수준의 수익률은 기대해볼 수 있다. 은행별로 차이가 있지만 신탁 자산은 주로 금융채, 통화안정증권과 국공채 중심으로 운용하고 회사채와 어음, 대출 및 기타 유동성 자산을 일부 편입시키고 있다.

다만 연금저축신탁 평균수익률은 물가상승률을 초과하지 못하는 경우가 많다. 또는 수익률이 물가상승률을 초과하더라도 그 수준이 극히 미미하다. 따라서 초장기 투자에는 매력적이지 않다. 따라서 은행에서조차 연금저축신탁보다 연금저축보험이나 연금저축 펀드를 추천하는 경우가 많다. 실제 연금저축계좌 자산 비중도 전체의 5%에 미치지 못한다.

지난 2013년부터 사업비 부과 방식을 변경해 보험소비자에게 더 많은 혜택을 주는 상품을 개발하기 시작했다. 출시 초기 성공 여부가 불확실했던 상품이었지만 신개념 상품은 거의 대부분 시장에서 대성공을 거뒀다. 또 배타적 사용권을 부여받은 기간이 끝난 이후에는 카피 상품들이 대거 등장하며 하나의 트렌드가 되고 있다.

기존 보험 상품은 모두 '해지공제'를 사업비에 적용한 천편일률적인 상품이었다. 그러나 최근 보험 상품은 '무해지공제', '경과이자비례방식', '저해지환급형', '해지환급금 미보증형' 등의 개념을 보험료 산출에 적용했다.

무해지공제: 조기 해지 시 원금 손실 최소화

지난 2013년 1월 M생보가 전속설계사 보유 보험사 중 첫 번째로 사업비를 산출할 때 '무해지공제' 개념을 적용한 변액적립보험을 출시했다.

선취형 해지공제로 사업비를 부과한 보험은 해지할 때 아직 보험사에서 떼지 못한 사업비를 먼저 공제한 뒤 나머지 적립금을 지급한다. 당연히 가입 후 시간이 얼마 지나지 않아 해지할수록 차감하지 못한 사업비가 많기 때문에 보험소비자 입장에서 돌려받지 못하는 원금이 적을 수밖에 없다. 해지공제 상품은 5년이 지나 해지해도 원금도 받지 못하는 것이 대부분이다.

무해지공제란 말 그대로 해지공제가 '없다(無)'는 의미다. 무해지공제 상품은 해지해도 아직 떼지 못한 사업비를 차감하지 않는다. 대신 5년에서 10년 등 보험사가 설정한 기간 동안 사업비를 고루 뗀다. 초기 보험 적립금이 많아져 투자(이자) 수익이 많아지는 것은 물론 만약의 경우 조기 해지해도 손실 보는 원금이 적다.

M생보의 변액적립보험은 표준이율 3.25%의 2배인 6.5%로 수익이 난다고 가정(40세 남성, 10년 월납, 납입 원금 30만 원)하면 가입 3개월 만에 해지해도 원금의 96% 이상을 받을 수 있으며, 2년 만에 원금 이상의 수익(100% 채권형 투자)을 올리고 5년 환급률은 110.7%를 기록한다. 보험 차익에 대해 비과세가 가능한 10년 후엔 130.3%의 환급률을 실현할 수 있다.

현재 보험사가 온라인에서 판매하고 있는 대부분의 연금저축보험은 무해지공제를 적용한 상품이다. 연금보험 중 일부도 동일한 구조의 사업비를 적용했다. 또 일부 변액적립보험도 무해지공제를 적용했다.

다만 무해지공제를 적용한 상품은 설계사가 판매하는 데 어려움이 있다. 사업비를 먼저 차감하지 않기 때문에 보험설계사에게 모집 수수료를 일시에 많이 지급할 수 없기 때문이다. M생보 변액적립보험 등 일부 상품을 제외하면 대부분 온라인 등 비대면 채널에서만 판매된다.

경과이자비례방식: 원금 100%+이자 지급, 적금보다 유리

L생보가 2014년 1월에 출시한 온라인 저축보험은 국내 최초로 '경과이자비례방식'이라는 사업비 체계를 도입했다.

'해지공제'는 물론 '무해지공제'를 적용한 상품 등 기존 보험 상품의 사업비 부과 방식은 납입보험료의 일부를 떼는 것이다. 반면 '경과이자비례방식'은 납입보험료 원금에서는 사업비를 전혀 부과하지 않는다. 저축성보험에 가입하고 시간이 경과되면 이자가 붙는다. 이자에서만 사업비를 부과하는 방식이 '경과이자비례방식'이다.

보험 적립금에 부리되는 금리인 '공시이율'은 은행 적금보다 약 1%에서 2% 정도 높다. 현재 1년 만기 적금 금리는 2%가 채 되지 않는다. 반면 저축성보험의 공시이율은 3.0% 수준이다.

'경과이자비례방식'의 사업비 체계를 도입한 저축성보험은 적용 금리가 높고 사업비도 이자에서만 차감하기 때문에 10년을 유지한다고 할 때 무조건 은행의 적금보다 더 많은 이자를 챙길 수 있다.

다만 보험설계사가 판매할 수 없는 사업비 구조이기 때문에 온라인 저축보험에서만 가입이 가능하다. 현재는 최초 적용 보험사인 L생보와 함께 H생보, S생보 등의 온라인 저축보험으로만 가입 가능하다.

치매나 중풍에 대비하는
간병보험

———

나이가 들면 치매나 뇌졸중 등 장기간 간병이 필요한 질병에 노출될 수 있다. 긴 병에 효자 없다. 장기간 간병이 필요한 질병을 대비해 장기 간병보험에 가입할 필요가 있다. 특히 간병이 필요한 상황이 되면 간병인의 도움이 필요하기 때문에 질병에 노출된 본인의 생활비는 물론 간병인의 생활비도 준비해야 한다.

이 보험은 '일상생활장해상태' 또는 '치매 상태'에 처했을 때 보험금을 일시금 또는 연금 형태로 지급한다. 일상생활장해상태란 이동을 스스로 할 수 없으며 식사 · 용변, 목욕, 옷 입기 중 한 가지 항목 이상을 스스로 할 수 없는 상태를 말한다. 즉 거동하지 못하고 일상생활에서 꼭 해야 하는 행동을 못하는 것이다.

치매 상태는 보험 상품의 치매 보장 개시일 이후 기질성치매가 되고 이로 인해 인지기능의 장애가 발생한 상태를 뜻한다. 기질성 치매란 뇌의 기질적 장애에 의해 야기된 치매를 말하며, 알츠하이머병에서의 치매, 혈관성치매 등이 있다.

장기 간병보험은 생명보험사와 손해보험사 모두 판매를 하고 있지만, 생명보험사의 경우 종신토록 보장을 하는 데 반해 손해보험사의 경우 기간이 정해져 있다. 그래도 100세 또는 110세까지 보장하는 상품이 있기 때문에 보장 기간보다 보장 범위와 보험료를 확인하고 가입하는 것이 현명하다. 만약 통합보험이나 종신보험 등에 간병 특약이 있다면 따로 가입하지 않아도 된다. 다만 보장 혜택이 무엇이며 보장 기간은 언제까지인지 살펴봐야 한다.

장기 간병보험 단독 상품은 크게 장기 간병 상태나 치매 상태가 되면 보험금을 지급하는 보장형과 평상시에는 연금으로 수령하다 간병 상태가 되었을 때 연금을 추가로 받는 연금형으로 구분된다. 장기 간병보험은 40세부터 70까지 가입할 수 있으며 60세 이하면 건강검진 없이도 가입할 수 있다. 가입 연령이 높으면서 다른 보장성보험 대비 보험료가 높다는 단점이 있으며, 최근 국가에서 운영하는 노인장기요양보험에서 적용하고 있는 등급 기준을 연계하는 형태로 상품 개발이 진행되고 있다. 가족력 중 치매 등 장기 간병이 필요한 질병으로 고생한 분이 많지 않으면 반드시 가입할 필요는 없는 보험이다.

손해보험 상품 중 '만기환급형'은 반드시 피하라

보험설계사들이 보험을 권할 때 흔히 만기환급형 상품을 추천한다. 보험에 가입 후 보장 혜택도 받으면서 만기에는 냈던 돈을 고스란히 돌려받을 수 있다고 강조한다. 냈던 돈을 고스란히 돌려받는다는 것 때문에 현명한 소비자들은 '공짜 보험'에 가입한 것 같은 기분을 느끼고 만기환급형에 서명을 하기 마련이다. 그러나 현명한 판단이 오히려 독이 될 수 있다.

만기환급금 재원 마련을 위한 보험료에서도 보험사는 사업비를 차감한다. 그것도 무려 30%가량의 사업비를 뗀다. 이로 인해 보험사는 사업비를 더 챙길 수 있고 설계사는 수수료를 더 받을 수 있다. 이 과정에서 소비자가 누릴 수 있는 혜택은 사실상 없다.

보험은 크게 생명보험사와 손해보험사로 구분된다. 생명보험사는 사람의 신체에 문제가 발생했을 때 이를 재정적으로 보장한다. 손해보험사는 일반적으로 자동차보험이나 배상책임보험 등 재물에 대한 손해를 보장한다. 그러나 생명보험과 손해보험사 모두 취급할 수 있는 영역이 있다. 이를 일반적으로 제3보험이라고 부른다. 제3보험은 암보험, 건강보험, 간병보험, 실손의료보험 등이다.

생명보험사 보험료를 세부적으로 보면 위험보험료와 순보험료로 구분된다. 손해보험사 보험료는 보장보험료와 적립보험료로 구분할 수 있다. 생명보험사의 순보험료 중 위험보험료와 손해보험사의 보장보험료는 보험 본연의 목적인 보장을 위해 납입하는 보험료다. 반대로 순보험료 중 저축보험료와 적립보험료는 만기환급금 받는 등의 목적으로 납입한다.

그런데 문제는 생명보험사의 부가보험료에 붙는 사업비는 7% 내외에 불과하지만 손해보험사 적립보험료에 붙는 사업비는 무려 30%에 달한다는 점이다. 그런데 심각한 문제는 대부분의 보험 가입자들은 만기환급금을 받기 위해 내는 보험료에서도 이처럼 높은

S손보 암보험 적립보험료에 따른 해지환급금 및 적금 비교

| 기간 | 월납 보험료 3만 원 | | 월납 보험료 22만 원 | | 20만 원 적금 | |
| | 보장보험료 2만 원+ 적립보험료 1만 원 | | 보장보험료 2만 원+ 적립보험료 20만 원 | | | |
	납입보험료	해지환급금 (률)	납입보험료	해지환급금 (률)	납입원금	원리금
1년	36만 원	0원(0%)	264만 원	50만 원 (18.9%)	240만 원	242만 원
3년	108만 원	31만 원 (29.6%)	792만 원	494만 원 (62.4%)	720만 원	739만 원
5년	180만 원	76만 원 (44.0%)	1,320만 원	965만 원 (73.1%)	1,200만 원	1,253만 원
10년	360만 원	159만 원 (47.6%)	2,640만 원	2,214만 원 (83.9%)	2,400만 원	2,619만 원
15년	540만 원	196만 원 (41.6%)	3,960만 원	3,588만 원 (90.6%)	3,600만 원	4,109만 원

*36세 남성, 상해1급, 15년 만기 전기납
**암보험 2월 공시이율 2.85% 가정, 적금 월복리 2.0% 가정, 세후 적립금

사업비를 뗀다는 사실을 아예 모른다는 것이다.

손해보험사가 적립보험료에서 얼마나 많은 사업비를 차감하는지 확인하기 위해 S손보의 암보험을 시뮬레이션했다. 상해급수 1급, 36세 남성이 15년 동안 보장받기 위해 가입한다고 가정했다.

시뮬레이션 조건으로 보장담보는 일반암 3천만 원, 고액암 6천만 원, 특정소액암 1,200만 원, 유사암 3백만 원 등의 진단금과 암수술비 3백만 원, 입원일당 10만 원 등이다. 이 경우 실제 보험 보장을 받기 위해 매월 납입하는 보장보험료는 약 2만 원에 불과하다.

이 상품은 최저 가입보험료가 3만 원이고 적립보험료를 최대 20만 원까지 넣을 수 있다. 이에 따라 최저 가입보험료 3만 원과 최대 가입금액인 22만 원 두 조건으로 시뮬레이션을 했다. 두 조건에서

보장보험료는 2만 원으로 같고 적립보험료 금액만 1만 원과 20만 원으로 차이가 있다.

시뮬레이션 결과를 보면 납입보험료 22만 원짜리에 가입했을 때 만기환급금이 3,588만 원으로 납입금의 90.6%를 돌려받는 반면, 20만 원짜리 정기적금에 가입했을 경우 15년 후 납입금의 114%인 4,109만 원(세후, 2% 월복리 기준)을 쥐게 된다. 한마디로 저축 측면에서는 만기환급형 보험보다 적금을 이용하는 게 유리함을 알 수 있다.

하지만 사실상 2%라는 초저금리 적금에 15년 동안 납입하는 사람은 없다. 예금이 적금보다 금리가 높으며, 돈이 조금 모이면 5% 이상의 원금보장형 상품도 많다. 결국 만기환급금을 받겠다는 현명한 생각이 적게는 5백만 원, 많게는 수천만 원의 기회비용 상실로 돌아오게 되는 것이다.

많은 보험설계사들은 이렇게 강조한다. 적립보험료를 많이 내면 그만큼 많은 적립금이 쌓이고, 은행 금리보다 높은 공시이율을 복리로 적용하기 때문에 재테크 효과가 크다는 식이다. 또 만기에 낸 돈을 고스란히 돌려받을 수 있고, 만약 보험사고가 발생하면 보험금까지 탈 수 있으니 해지만 하지 않는다면 무조건 이익이라고 강조한다.

하지만 시뮬레이션 결과에서 보듯 적립보험료는 2016년 2월 공시이율인 2.85%의 이율을 적용했다. 적금 금리보다 0.85% 높은 수준이다. 0.85% 금리가 높다고 그리 큰 재테크 효과를 보지 못한다.

심지어 적립보험료에서도 사업비를 많이 떼기 때문에 실제 만기에 돌려받는 금액은 저금리인 2%로 적금을 부을 때보다도 못한 수준에 불과하다.

만기환급금을 받아 공짜 보험에 가입했다고 생각한다면, 정말 큰 오해다. 보험사는 어떠한 경우라도 상품을 판매해 손해를 보지 않는다. 만약 보험사가 손실을 보는 상품이 있다면 즉시 판매 중지할 것이 분명하다.

보험에 가입할 때, 특히 손해보험사 상품에 가입할 때는 가급적 순수보장형을 선택하는 것이 현명하다(참고로 일부 대형 생명보험사 상품 역시 적립보험료에서 이처럼 높은 사업비를 부과한다). 보험은 기본적으로 저축이 아닌 만약의 사고 발생 시 재정적인 보상을 받기 위해 가입하는 것이다.

3부

보험,
제대로 비교하고
짠테크하라

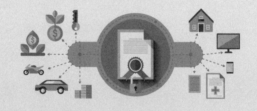

보험 비교,
이것만 확인하면 된다

보험은 복잡하다. 단독 상품 딱 하나만 봐도 분석이 결코 쉽지 않다. 이 복잡한 상품을 어떻게 비교할 수 있겠냐는 생각에 많은 사람들이 그저 보험설계사가 추천하는 보험에 가입해 내지 않아도 될 보험료를 낸다. 안타까운 현실이다. 그런데 보험 상품의 가성비를 알아보기 위한 비교는 사실 어렵지 않다.

여러분은 냉장고를 살 때 어떤 점을 비교하나? 대개 일단 브랜드를 보고 디자인을 확인한다. 그리고 냉장고 문을 열어보고 크기와 실내 용량도 살핀다. 좀 더 꼼꼼한 사람이라면 이에 더해 에너지효율등급이나 애프터서비스 기간도 확인할 것이다. 그러나 냉장고 하나 사자고 이 냉장고는 어떤 냉매를 쓰며 또 냉매는 얼마나 들어 있는지 확인하는 사람은 정말 드물다.

자동차는 정교한 기계다. 과거 자동차는 기계식이었지만 지금은

수많은 전자장치가 들어간다. 달리는 컴퓨터라 해도 과언이 아니다. 이렇게 복잡한 자동차를 살 때도 비교하는 것이 사실 많지 않다. 브랜드와 외관 및 내부 디자인을 보고, 승차감이나 주행 능력을 확인하기 위해 시운전을 해본다. 디젤인지 가솔린인지 연료를 확인한다. 꼼꼼하다면 엔진 제원을 살펴보고 무료서비스 기간 등을 확인하는 정도면 비교가 끝난다.

비슷한 용량의 냉장고라면 구조는 물론 내부 디자인이 비슷하고, 같은 중형차라면 제원이 비슷하듯 같은 종류 내에선 보험도 사실 비슷하다. 종신보험은 종신보험끼리, 암보험은 암보험끼리 비슷한 구조를 가지고 있다는 것이다.

보험을 비교할 때는 첫 번째로 보장받을 수 있는 금액을 확인한다. 이 금액을 가급적 동일한 수준으로 맞춘다. 두 번째는 보험료를 확인한다. 사실 이 두 가지만 비교하면 보험 가성비 비교는 거의 끝난다.

실물 상품이 아니기 때문에 어떤 보험사 상품인지 전혀 따질 필요 없다. 일부 보험설계사들은 보험사의 재정도 확인해야 한다고 강조한다. 그러나 사실 보험사가 망하든 안 망하든 가입자는 거의 상관없다. 파산한 보험사를 인수하는 회사는 파산한 보험사가 보유한 계약도 모두 인수하기 때문이다(단, 보험업법에서는 파산한 보험사 계약을 인수 시 일부 조건을 변경할 수 있다고 명시).

보험 종류별로 대표적인 상품들을 비교해보면, 향후 보험을 선택할 때 어떤 기준으로 비교해야 할 것인지 어느 정도 감을 잡을 수 있을 것이다.

종신보험,
좀 더 자세히 따져보기

일반적인 종신보험 비교는 앞서 1부에서 나꼼꼼, 전현명 부부의 사례를 통해 제시한 바 있다. 이번엔 좀 더 세부적으로 종신보험 상품을 비교해보고자 한다.

저금리 기조와 함께 경기 불황이 지속되면서 보험사들은 보험료 부담을 낮춘 종신보험을 속속 출시하고 있다. 이들 종신보험은 기존 상품 대비 보험료를 최대 20% 내외로 낮췄다는 점은 동일하지만 해지환급금 지급 방식에는 큰 차이가 있다. 현재 판매되고 있는 종신보험 중 보험료 부담을 낮춘 상품은 사업비 차감 방식에 따라

저해지환급형과 해지환급금 미보증형 비교

(기준 : 남자 40세, 표준체, 가입금액 1억 원, 20년 납, 월납, 보험료 할인 적용)

보험사	I생보	S생보
상품명	용감한오렌지종신보험(실속형)	통합유니버셜프라임종신보험
예정이율	2.95%	3.50%
월 보험료(원)	191,090	209,000
총 납입보험료(원)	45,861,600	50,160,000
보험계약대출	가능	가능
중도인출	생활자금전환 옵션 활용 가능	가능
최저사망보험금 보증	보증	보증
최저사망보험금 보증 비용	없음	있음

※출처: 2016년 2월 각사 홈페이지 참조

'저해지환급형'과 '해지환급금 미보증형' 두 가지로 구분된다.

납입 완료 후 노후 자금 등 생활 자금 마련에는 저해지환급형이 유리한 반면, 납입 기간 약관대출 등 급전을 활용해 유동성을 높이는 것은 해지환급금 미보증형이 유리하다. 보험료 부담을 줄였다고 무조건 가입하는 것이 아닌 상품 구조에 따라 특장점이 있으니 본인에게 더 좋은 상품에 가입하는 것이 현명하다.

I생보는 2015년 7월 국내 최초로 저해지환급형 구조로 보험료를 산출해 기존 종신보험보다 납입보험료를 최대 25% 이상 낮출 수 있는 종신보험을 출시했다. 출시 이후 2015년 12월 말까지 I생보 종신보험 판매 중 98% 이상이 저해지환급형 구조다. 또 S생보는 2015년 10월 해지환급금 미보증형 구조를 도입해 기존 종신보험보다 최대 20% 이상 보험료 부담을 줄인 종신보험을 출시했다. 이 해지환급금 미보증형 종신보험도 인기를 끌고 있다.

저해지환급형과 해지환급금 미보증형 종신보험 해지환급금 비교

보험사	I생보		S생보		
상품명	용감한오렌지종신보험(실속형)		통합유니버셜프라임종신보험		
경과년	기납입보험료 (원)	해지환급금(원) 예정이율 3.25%	기납입보험료 (원)	해지환급금(원) 최저보증이율	해지환급금(원) 공시이율 2.93%
1	2,293,080	–	2,508,000	–	–
3	6,879,240	2,199,000	7,524,000	3,715,950	3,823,150
5	11,465,400	4,761,000	12,540,000	8,170,790	8,476,840
10	22,930,800	11,047,000	25,080,000	12,535,290	13,149,150
20	45,861,600	50,626,000	50,160,000	38,292,130	44,311,860
30	68,792,400	63,601,000	75,240,000	36,619,100	51,528,730
40	91,723,200	77,092,000	100,320,000	19,323,970	51,370,500
50	114,654,000	87,991,000	125,400,000	–	–

※출처: 2016년 2월 각사 홈페이지 참조

저해지환급형 또는 해지환급금 미보증형 구조의 종신보험이 인기를 끄는 비결 첫 번째는 보험료가 저렴하기 때문이다. 다만 기존 상품보다 해지환급금이 적거나 아예 없을 수 있다는 점을 유념해야 한다.

40세 남성이 1억 원의 사망보험금을 보장받기 위해 20년 동안 납입하는 조건의 종신보험에 가입한다고 가정했다. I생보 저해지환급형 종신보험은 매월 19만 1,090원을 납입해야 한다. 반면 S생보 해지환급금 미보증형 종신보험은 매월 20만 9천 원을 납입한다. 매월 약 1만 7,910원 차액이 20년 동안 발생, 총 납입보험료는 각각 4,586만 원과 5,016만 원으로 430만 원 정도 발생했다.

다만 납입 완료 시점 전에 조기 해지할 경우에는 S생보가 더 유리했다. 저해지환급형 구조는 납입 완료 시점까지 해지환급금이 매우 적다. 반면 해지환급금 미보증형 상품은 납입 완료 시점 이후까지 지속적으로 증가한다.

장기 유지할 경우 해지환급금은 극적인 차이가 발생했다. 저해지환급형 상품의 경우 납입 완료 시점에 일시에 해지환급금이 증가한다. 반면 해지환급금 미보증형 구조는 지속적으로 증가하다가 나이가 들어 사망위험률이 증가하면 해지환급금이 급격히 감소해 50년 경과 시점에는 아예 0원이 된다.

조기 해지하려고 보험에 가입하는 사람은 없다. 향후 연금전환 기능 등을 활용해 종신보험에 쌓인 적립금으로 노후 대비까지 고려하고 있다면 해지환급금 미보증형 구조보다 저해지환급형이 유

☂ **TIPS**　　저해지환급형: 납입 만기까지 유지하면 더 많은 적립금 지급

2015년 7월 I생보가 출시한 종신보험은 국내 최초로 '저해지환급형' 상품이다. '저해지환급형' 상품 구조의 가장 큰 특징은 기존 상품 대비 보험료가 최대 25% 이상 저렴하다는 것이다. 기존 상품은 보험료를 책정할 때 예정이율, 예정위험률, 예정사업비 등 3가지를 고려하지만 이 상품은 예정해지율을 추가적으로 반영했다.

예정해지율을 반영해 먼저 해지한 계약자의 해지환급금 일부를 유지하고 있는 고객에게 혜택으로 주는 것이다. 조기에 해지하면 해지환급금이 매우 줄어드는 구조다. 그러나 납입 만기까지 유지하면 기존 종신보험과 비슷한 수준으로 일시에 해지환급금이 증가한다. 따라서 보장이라는 과녁에 정확히 초점을 맞춘 상품이라고 할 수 있다.

리하다. 저해지환급형은 조기 해지만 하지 않으면 기존 종신보험보다 납입보험료 대비 해지환급금이 많다.

다만 납입 기간 중 유동성은 해지환급금 미보증형 구조 종신보험이 유리하다. 해지환금금의 절대 규모가 많은 것은 물론 약관대

☂TIPS 해지환급금 미보증형: 보험료 낮은 대신 적립금도 줄어드는 구조

2015년 10월 초 S생보와 K생보는 각각 해지환급금 미보증형 상품을 출시했다. '해지환급금 미보증형' 구조의 상품은 '저해지환급형'과 마찬가지로 납입하는 보험료를 최대 20% 이상 줄였다는 점이 가장 큰 특징이다. 그러나 저해지환급형 구조의 상품과 해지환급금에서 큰 차이가 발생한다.

저해지환급형은 납입 만기까지 유지하면 해지환급금이 일시에 증가하는 구조다. 반면 해지환급금 미보증형은 보험료가 저렴한 대신 금리가 하락하면 해지환급금도 지속적으로 줄어든다.

해지환급금 미보증형은 보험료를 책정할 때만 예정이율을 적용한다. 보험 적립금에는 예정이율이 아닌 공시이율과 최저보증이율만 적용한다. 따라서 금리가 지속적으로 낮아지면 해지환급금이 급속도로 줄어든다.

예정이율이란 보장성보험료 책정의 기준이 되는 금리로 고객이 지급한 보험료로 자산을 운용해 거둘 수 있는 예상수익률을 의미한다. 보험은 초장기 상품이기 때문에 예정이율이 0.25%포인트 변동되면 보험료는 5~10% 달라진다.

기존 종신보험은 금리가 아무리 떨어져도 예정이율로 무조건 적립금에 부리해야 했다. 그러나 해지환급금 미보증형 상품은 예정이율을 보험료 책정 때만 적용한다. 그 대신 해지환급금 보증 부담을 없앴기 때문에 보험료도 최대 20% 이상 낮아질 수 있다.

적립금으로 예정이율을 부리하지 않고 최저보증이율을 적용할 수 있는 구조라서 금리가 하락한다면 납입 완료 후 지속적으로 해지환급금이 줄어들어 적립금이 아예 제로가 될 수도 있다.

출이나 중도인출이 가능하기 때문이다. 반면 저해지환급형 구조는 해지환급금 규모가 작아 받을 수 있는 약관대출 규모도 크지 않을 뿐 아니라 중도인출은 불가능하다. 다만 중도인출을 대신해 생활자금전환 옵션을 활용할 수 있다.

생활자금전환 옵션이란 보험 가입금액을 감액해 그 차액을 급전으로 활용하는 것이다. 예를 들어 주계약 1억 원에 가입했는데 이를 5천만 원으로 줄이고 해지환급금에 해당하는 금액을 돌려받는 것이다.

생활자금전환 옵션은 감액한 주계약을 다시 늘릴 수 없어 중도인출과는 차이가 있다. 해지환급금 미보증형 구조가 납입 기간 중 유동성 활용도가 높다.

2가지 상품 모두 기존 종신보험보다 보험료가 대폭 낮아졌다는 장점이 있다. 하지만 해지환급금이 쌓이는 구조가 확연히 다르다. 따라서 보험료가 낮아졌다고 무턱대고 가입하기보다 어떤 상품을 선택하는 게 보험소비자에게 유리한지 반드시 알아본 후 가입해야 한다.

보험을 중간에 해지하려고 가입하는 사람은 없다. 아직 사망보험금을 준비하지 않았고, 정기보험이 아닌 종신보험을 선택할 것이라면 해지환급금 미보증형 종신보험보다는 저해지환급형 종신보험이 일반적으로 더 유리하다. 보험료 납입 완료 시점에 해지환급금이 급증하기 때문에 이 자금을 연금전환 등으로 활용해 종신보험으로 연금보험까지 가입하는 효과를 누릴 수도 있기 때문이다.

고액질병 · 사망 보장을 위한
최적 조합은?

━━━━━━

종신CI보험에 가입하나, 종신보험에 가입한 후 CI 특약을 선택하나 사실상 같다. 그런데 보험료는 차이가 발생한다. 같은 값이면 다홍치마를 원한다. 같은 다홍치마라면 저렴한 가격이 좋다. 종신CI보험과, 종신보험에 CI 특약을 넣은 조합 중 과연 어떤 것이 다홍치마일까?

보험의 진정한 가입 목적은 발생 확률은 낮지만, 한 번 발생할 경우 큰 재정적 피해를 입히는 위험에 대비하기 위한 것이다. 즉 저확률 · 고위험에 대비하는 금융 상품이 보험이다. 이론적으로 이런 보험의 진정한 가입 목적에 가장 부합하는 것은 CI보험이다. CI보험은 생명에 치명적인 지장을 줄 정도로 '중대한' 질병에 걸렸을 경우 고액을 보장한다.

보험은 많이 가입하면 할수록 좋다. 언제 어떤 위험이 닥칠지 모르기 때문이다. 그러나 모든 생로병사의 리스크를 감안해 보험에만 소비할 수는 없다. 최적의 조건을 찾아야 한다. 중대한 질병 노출 위험을 대비하는 보험을 비교해보자.

일반적으로 종신CI보험은 중대한 암이나 뇌졸중, 급성심근경색증, 말기 신부전증, 말기 간 질환, 말기 폐 질환, 중대한 화상, 중대한 수술, 5대 장기이식수술 등을 고액 보장한다. 즉 해당 질병에 노출 시 치료비와 간병비, 요양비 등으로 고액이 소요된다. 이를 감당하기 위한 보험금을 지급한다. 그런데 군이 종신CI보험이 아니더라도 종신보험 등에서 가입할 수 있는 CI 특약도 같은 질병에 노출 시 보험금을 지급한다. 요컨대 종신보험에 CI 특약을 더하면 종신CI보험과 거의 흡사한 보장을 받을 수 있다.

I생보의 상품에 35세 남성이 사망보험금 2억 원·CI진단금 1억 원에 동일하게 가입하는 조건으로 어떤 조합이 더 보험료가 저렴한 지 알아봤다. 그 결과 종신CI보험이 종신보험과 CI 특약 조합에 비해 초기 보험료는 더 높았다. 그러나 시간이 지날수록 종신보험·CI 특약 조합의 보험료가 더 높아졌다. CI 특약이 시간이 지날수록 보험료 상승폭이 컸기 때문이다. 중대한 질병은 나이가 들수록 발병 확률이 높아진다. 이를 감안하면 초기 보험료를 더 많이 납입하더라 도 장기적으로 더 저렴한 종신CI보험에 가입하는 것이 현명하다.

5년마다 갱신하는 정기 특약은 가입 당시 9천 원, 40세에 1만 2천 원, 45세에 1만 8천 원, 50세에 2만 8천 원 등 소폭 상승했다. 반면 CI 진단 특약은 가입 당시 3만 4천 원이었지만 40세에 5만 1천 원, 45세에 8만 원, 50세에 12만 5천 원으로 대폭 증가했다. 이는 사망 위험 보다 중대 질병에 노출될 확률이 상대적으로 높아졌음을 의미한다.

종신CI보험 가입을 고민하고 있다면 종신보험에 CI 특약 조합보다 종신CI보험 한 상품에 가입하는 것이 유리하다. 다만 이미 종신 보험에 가입되어 있는 상태라면 다시 한 번 어떤 조합이 유리한지 따져봐야 한다. 종신보험 가입 초기라면 지금까지 낸 보험료 원금 손해가 일부 있더라도 해지하고 종신CI보험으로 재가입하는 것이

생보 CI종신보험과 종신보험+CI 특약 비교

(기준 : 남자 35세, 사망보험금 2억 원, CI진단금 1억 원, 월납)

구분	CI종신		
구분	보장금액	보험료(원)	비고
주계약	2억 원	498,000	종신 보장
정기 특약	1억 원	9,000	5년 갱신
보험료 합계		507,000	

(기준 : 남자 35세, 사망보험금 2억 원, CI진단금 1억 원, 월납)

구분	종신보험+CI 특약		
구분	보장금액	보험료(원)	비고
주계약	2억 원	396,000	종신 보장
CI진단 특약	1억 원	34,000	5년 갱신
보험료 합계		430,000	

※출처: 2016년 2월 각사 홈페이지 참조

유리하다. 반면 종신보험 가입 기간이 오래되어 초기에 집중적으로 떼는 사업비를 어느 정도 부담한 상태라면 종신보험+CI 특약 조합이 유리할 수 있다.

정기 특약과 CI 특약 둘 다 시간이 지남에 따라 보험료가 상승한다. 나이가 많으면 사망 위험도 높아지며 질병에 노출될 위험도 높아진다. 그런데 사망 위험보다 상대적으로 질병 노출 위험이 더 높아진다. 따라서 사망을 보장하는 정기 특약보다 질병에 대한 고액 치료비를 보장하는 CI 특약 상승률이 더 높다.

일반적으로 종신CI보험과 종신보험에 CI 특약을 조합하는 방식을 비교하지는 않는다. 이런 비교를 시도해서 상품을 판매하는 설계사도 매우 드물 것이 분명하다. 보험 비교의 핵심은 어떤 질병이나 사고 등을 보장할 것이냐가 핵심이다.

　종신CI보험과 종신보험·CI 특약 조합을 비교한 것은 담보 비교의 중요성을 보여주기 위해서다. 동일한 보험사 상품으로 비교를 했기 때문에 보장은 사실상 같다. 하지만 동일한 보험금을 받을 수 있는 담보라 해도 보험료 차이가 발생한다.

　예를 들어 같은 옷인데 와이셔츠를 입고 그 위에 외투를 걸쳤는가 또는 외투를 입고 그 위에 와이셔츠를 입었는가의 차이다. 같은 옷이지만 보온성 등은 차이가 난다. 보험도 마찬가지다. 비슷한 디자인의 와이셔츠와 외투라 해도 재질이 다르면 보온성은 큰 차이가 난다. 어떤 보험사는 사업비를 적게 책정하기도 하며, 어떤 보험사는 사업비를 많이 책정한다. 그만큼 보장의 보온성도 달라지는 것이다.

　이것이 바로 보험 가입 전 가급적 비슷한 담보를 두고 여러 보험사 상품을 반드시 비교해봐야 하는 이유다.

LTC종신보험의
비교 방법을 알아보자

고령화로 인해 노인성 질환인 치매, 중풍 등에 노출되면서 장기간 간병이 필요한 환자가 증가하고 있다. 이에 장기 간병(LTC, Long Term Care)과 조기 사망 위험을 동시에 보장하는 LTC종신보험 판매가 증가하고 있는 추세다.

장기 간병보험은 간병 상태에 노출되었을 때 간병비를 일시금이나 연금 형태로 지급한다. 특히 2015년 11월 S생보가 장기 간병을 보장하는 종신보험을 출시하면서 LTC종신보험이 재부각되고 있다. LTC종신보험도 종신보험이기 때문에 사망보험금을 보장한다. 또한 간병보험의 특성도 가지고 있어 장기 간병에 따른 보험금도 보장한다. 위에서 설명했듯 이 상품의 주요 담보는 상품명에 나와 있는 것처럼 LTC에 따른 간병 자금과 종신보험으로 보장받는 사망보험금이다. 따라서 간병 자금과 사망보험금 보장금액을 중심으로 보험료 비교를 해야 한다. 주요 담보와 보험료를 비교하면 가성비를 어느 정도 파악할 수 있다. 다만 최근 보험들은 상품이 복잡해 조금 더 자세히 살펴보는 것이 좋다.

자동차로 비유하자면 비교 대상 첫 번째는 엔진이며, 두 번째는 차의 크기다. 엔진의 배기량에 따라 출력이 결정되며, 이 출력에 따라 소형차·중형차·대형차 등 차체가 구분되는 게 일반적이다.

그러나 최근 자동차는 매우 정교하며 복잡하다. 터보엔진은 배기량이 크지 않지만 출력이 좋다. 또 일부 차종은 엔진에 비해 차체가 작고 가볍다. 스포츠카가 이런 차종이다. 보험도 비슷하다. 주요 담보와 보험료는 엔진과 차체로 비유할 수 있다. 가장 기본적으로 봐야 하는 것이다. 그리고 세부적으로 차의 기능과 성능을 알아보기 위해 다른 부분을 살펴보듯 보험도 세부 특징을 파악하면 좀 더 자세한 분석이 가능하다.

S생보 vs K생보 LTC종신보험 보험료, 환급금, 보증 비용 비교

(기준 : 남자 40세, 표준체, 가입금액 1억 원, 20년 납, 월납, S생보 공시이율 2.84%,
K생보 2016년 1월 공시이율 3.15%)

구분		S생보		K생보
		통합유니버셜LTC종신보험		K생보 LTC종신보험
		1종	2종	
보험료		253,000	216,000	255,000
해지환급금 보증 여부		보증	미보증	보증
해지환급금	10	2,396만 원	1,906만 원	2,522만 원
	20	5,476만 원	4,295만 원	5,815만 원
	30	6,789만 원	4,806만 원	7,320만 원
	40	8,097만 원	4,152만 원	8,823만 원
	50	9,220만 원	–	9,960만 원
최저보장보험금 보증 비용		10년 이내: 매년 가입금액의 0.1% + 적립액의 0.34%		없음
최저해지환급금 보증 비용		납입보험료의 3.4%	없음	없음
장기간병 진단보험금	LTC 확정 시	9천만 원	9천만 원	3천만 원
장기간병연금	LTC 확정 후 생존 시	1천만 원 (5년 초과 생존 시 5회한)	1천만 원 (5년 초과 생존 시 5회한)	1천만 원 (매년 생존 시 10회한, 5회 보증)
사망보험금	LTC 확정 전 사망 시	1억 원	1억 원	1억 원
	LTC 확정 후 사망 시	1천만 원	1천만 원	2천만 원

※ 출처: 2016년 2월 각사 홈페이지 참조

S생보는 2015년 11월 6일 통합유니버셜LTC종신보험을 출시했다. 이 상품은 1종과 2종으로 구분되며, 2종은 해지환급금 미보증형 구조다. S생보와 가장 비슷한 상품은 K생보가 2015년 4월 개발하고 2016년 1월 개정한 LTC종신보험이다.

S생보 상품은 1종과 2종으로 구분된다. 1종은 해지환급금을 보증하며, 2종은 해지환급금을 보증하지 않는다. 따라서 1종 대비 2

종의 보험료는 약 15% 정도 낮은 수준이다. 그러나 이 둘의 해지환급금을 보면 2종은 해지환급금이 갈수록 줄어드는 구조다. 보험료는 15% 정도 덜 내지만 노후에 해지환급금의 활용도가 낮다. 즉 납입할 때 조금 아끼고 향후 덜 받은 것인지, 납입할 때 조금 더 내더라도 나중에 많이 받을 것인지에 대한 차이다.

S생보 1종과 K생보 상품의 납입보험료는 25만 원대로 비슷한 수준이다. 그러나 시간이 지날수록 K생보의 해지환급금이 S생보 대비 높아진다. 이는 공시이율 차이도 있지만 S생보가 최저보장보험금 보증 비용과 최저해지환급금 보증 비용 등의 보증 비용을 차감하기 때문이다.

최저보장보험금 보증 비용이란 사망보험금이나 간병 자금 등 보험에 가입할 때 보장하기로 한 보험금을 무조건 보장한다는 조건으로 받는 비용이다. 또 최저해지환급금 보증 비용이란 금리가 아무리 낮아져도 보험사가 보장해야 하는 해지환급금을 마련하기 위해 떼는 비용이다. 보험은 초장기 상품이기 때문에 예정이율로 적립한 최저환급금을 보증하기 위해 일정 비용을 받는 것이다.

그런데 S생보는 이런 비용을 받지만 K생보는 이런 비용을 차감하지 않는다. 매년 소액의 비용을 차감하는 것이 가입 후 50년 후에는 약 740만 원 이상의 차액이 발생할 정도로 벌어진다. S생보의 1종과 K생보의 상품 중 해지환급금을 중심으로 가입을 결정한다면, K생보가 더 유리하다. 조금이라도 더 해지환급금을 높이고 싶다면 이처럼 꼼꼼한 비교도 필요하다.

다만 S생보의 1종과 K생보 상품은 간병 자금 보장이 매우 달랐다. S생보는 장기 간병이 필요한 치매 등의 질병 확진 판정을 받으면 가입금액의 90%의 보험금을 지급한다. 즉 사망보험금 가입금액 1억 원으로 가입하면 간병 자금으로 9천만 원을 일시에 지급한다. 치매 등 장기 간병이 필요한 질병 노출 후에도 생존할 경우 5년 이후부터 5년 한도로 매년 가입금액의 10%의 보험금을 지급한다. 즉 2016년인 올해 치매에 걸리면 9천만 원을 주고 6년 후인 2022년부터 생존 시에만 2026년까지 1천만 원을 지급한다는 조건이다.

반면 K생보는 치매 등 장기 간병 필요 질병 확진 시 간병 자금으로 가입금액의 30%만 지급한다. 그리고 생존할 경우 10년 한도로 매년 가입금액의 10%를 지급한다. 2016년인 올해 치매 확진을 받으면 즉시 3천만 원을 지급받고 생존할 경우 2017년부터 2026년까지 1천만 원의 간병 자금을 받게 된다. 치매에 걸리고 2018년에 사망해도 5회 보증 기간인 2021년까지 받을 수 있었던 1천만 원의 보험금은 유가족에게 지급한다.

요컨대 장기 간병 자금을 일시에 많이 받는가 아니면 지속적으로 받는가의 차이다. 다만 K생보는 질병 확진 시 5년 내에 1천만 원을 덜 받기 때문에 사망보험금으로 1천만 원을 더 지급한다.

S생보와 K생보 LTC종신보험 상품은 얼핏 보기에 똑같아 보인다. 그러나 해지환급금을 보증하는가, 보증하지 않는가에 따라 또 보증 비용을 얼마나 차감하는지에 따라 향후 받는 해지환급금이

매우 달라진다. 아울러 간병 자금을 일시에 받을 것인가, 아니면 지속적으로 받을 것인가에 따라 구조도 달라진다.

결국 비교에 따른 가입은 소비자의 몫이다. 가족력을 확인하고 본인에게 조금 더 적합하다고 생각하는 상품을 선택해야 한다. 하지만 이런 비교를 할 수 없다면, 그저 추천해주는 상품에 가입할 수밖에 없다.

어린이보험, 가장 이상적인 상품은 무엇일까?

1부에서 손해보험사의 자녀보험을 비교하는 방법에 대해 간략하게 설명했다. 태아보험, 어린이보험 등으로 불리는 자녀보험도 결국은 건강보험의 한 축이다. 자녀보험 중 손해보험사 상품은 특히 많은 특약이 있다. 100개 이상의 특약을 보유한 어린이보험도 있다. 너무 많은 특약이 있어 결정하는 데 오히려 더 혼란스럽다. 그러나 어린아이들의 특징을 생각하면 어떤 담보를 중심으로 가입해야 할지 판단할 수 있을 것이다.

아이들은 면역력이 약한 반면 활동성은 엄청나다. 다시 말해 면역력이 약해 감기나 장염 등 소소한 질병에 자주 걸리고 활동성이 좋아 자주 다친다. 따라서 일상적인 질병 치료 및 골절, 입원, 수술 등의 담보를 중심으로 가입하면 된다.

종합병원이 아닌 사는 곳 주변의 소아과 등에서도 해결 가능한 질병 대부분은 실손의료보험으로 보상받을 수 있다. 자녀보험에서 실손의료보험은 반드시 포함되어야 한다. 자녀 출산 전에 가입한 다면 혹시 모를 선천적 질병에 대비해 태아 특약을 반드시 넣어야 한다. 또 활동성이 좋기 때문에 재해골절 특약, 재해장해 특약, 수술비 특약, 입원비 특약 등을 포함하면 된다.

1부에서 손해보험사 상품을 잠시 살펴봤으니, 저렴하게 가입 가능한 생명보험사의 온라인 어린이보험을 중심으로 비교해보자. 온라인 보험 상품은 설계사를 통해 가입하는 상품보다 구조가 단순하다. 그러나 핵심 보장은 대부분 포함하고 있다. 생명보험사에서 온라인을 통해 소비자가 직접 가입할 수 있는 어린이보험은 그 구조도 거의 비슷해 비교가 어렵지 않다.

온라인 어린이보험에서 보장하는 암 특약은 대부분 백혈병이나 뇌암 등의 고액암의 경우 위암이나 간암과 같은 일반암 대비 2배를 보장했다. 보장금액은 적게는 3천만 원, 많게는 5천만 원이다. 사고 등으로 재해가 발생해 신체에 장해를 입었을 경우 최대 5천만 원 또는 1억 원을 지급받을 수 있는 구조다. 만약 교통사고로 인한 재해장해라면 일반 재해장해의 2배를 보장받아 최대 2억 원을 받을 수 있다.

어린이들은 자주 다친다. 뼈가 부러지는 골절로 수술을 할 경우 20만 원 또는 30만 원을 보장받을 수 있으며, 입원에 따라서 최대 180일까지 2만 원 또는 3만 원의 입원비를 매일 받을 수 있다. 이

온라인 어린이보험 비교

(기준: 자녀 0세, 남자 30세 만기)

보험사	L생보	SH생보	M생보	KD생보	HD생보
상품명	e플러스 어린이보험	Smart 어린이보험	어린이보험 1601	KDB 어린이보험	어린이보험 420
고액암	1억 원	6천만 원	6천만 원	1억 원	1억 원
일반암 (생식기암)	5천만 원	3천만 원	3천만 원	5천만 원 (2천만 원)	5천만 원 (2천만 원)
소액암	3백만 원	3백만 원	3백만 원	3백만 원	2백만 원
재해장해	5천만 원 × 장해율(교통 재해 2배 지급)	5천만 원 × 장해율(교통 재해 2배 지급)	1억 원 × 장해율	1억 원 × 장해율 (교통 재해 2배 지급)	5천만 원 × 장해율(교통 재해 2배 지급)
수술비	1종 ~ 5종: 10만 원 ~ 3백만 원	1종 ~ 5종 : 10만 원 ~ 3백만 원	1종 ~ 5종: 10만 원 ~ 3백만 원	1종 ~ 5종: 10만 원 ~ 3백만 원	1종 ~ 5종 : 10만 원 ~ 3백만 원
재해골절	30만 원	30만 원	20만 원	20만 원	30만 원
입원비	3일 초과 1일당 2만 원	3일 초과 1일당 2만 원	3일 초과 1일당 2만 원	3일 초과 1일당 3만 원	3일 초과 1일당 3만 원
기타	10대 주요 질병 입원 시 3일 초과 1일당 2만 원		중증재생불량성빈혈, 중증세균성수막염, 조혈모세포이식수술, 5대장기이식수술, 가와사키병 등 최대 2천만 원	중증재생불량성빈혈, 중증세균성수막염, 중대한 화상 및 부식, 강력범죄 폭력사고 및 중대한 수술비 등 최대 2천만 원	중증재생불량성빈혈, 중증재생성수막염, 말기신부전증, 중대한 화상 및 부식, 암 및 중대한 수술비 등 최대 3천만 원
월 납입보험료 (원)	5,680	7,200	6,900	11,200	10,500
보험료 납입 기간(연)	30	30	30	30	20
총 납입보험료	2,044,800	2,592,000	2,484,000	4,032,000	2,520,000

※출처: 2016년 2월 각사 홈페이지 참조

외 병의 종류에 따라 적게는 10만 원에서 많게는 3백만 원의 수술

비도 보장된다.

온라인 보험은 가입 절차를 모두 본인이 진행해야 한다는 번거

로움이 있지만 조금만 시간을 투자하면 설계사를 통해 가입하는

것보다 보험료를 크게 아낄 수 있다. 현재 온라인을 통해 어린이보험을 판매하는 곳은 약 5개 보험사 정도다.

암보험을 비교할 때는 일반암을 중심으로 고액암과 소액암 등의 담보를 비슷하게 구성하고 보험료를 따져봐야 한다. 어린이보험에 포함되어 있는 암 담보도 비슷하게 비교하면 된다. 다만 온라인 어린이보험의 암 담보는 일반암의 경우 5천만 원 또는 3천만 원 이 두 가지였다. 고액암은 일반암의 2배를 보장했다.

재해장해는 우연히 발생한 사고로 인해 장해를 입었을 때 보장받는 금액이다. 교통재해를 포함해 대부분 1억 원 한도로 보장을 하고 있었다. 또 수술비도 비슷한 수준으로 형성되어 있었으며, 재해골절 수술비도 20만 원 또는 30만 원으로 비슷했다. 입원비도 3일을 초과해야 보장한다는 조건은 모두 같았고, 1일당 2만 원 또는 3만 원을 보장하는 등의 내용만 달랐다.

이처럼 담보 구성이 비슷하지만 보험료는 약 2배 차이가 발생했다. 보험료가 가장 저렴한 L생보와 보험료가 가장 비싼 KD생보 두 상품만 비교하면 암 담보, 수술비 담보가 같다. 재해골절은 보험료가 저렴한 L생보가 10만 원 더 보장하며, 재해장해 담보는 KD생보가 2배 지급하며, 입원비는 KD생보가 1만 원 더 지급한다. 다만 기타 부분에 포함된 담보들이 달랐다. KD생보는 중증 질병을 일부 보장한다.

이렇게 표를 놓고 비교하면, 어떤 보험사의 상품이 가성비가 더 좋은지 한눈에 파악할 수 있다. 핵심 담보만 가입을 원하는 사람이라면 L생보의 상품을, 보장 범위가 넓은 상품을 원한다면 KD생보의 상품을 선택하면 된다.

암보험 비교의
모든 것

앞서 보험을 비교할 때 첫 번째로 보장 담보, 두 번째로 보험료를 살펴봐야 한다고 강조했다. 그 이유는 대부분의 보험들이 납입 기간을 설정할 수 있기 때문이다. 10년 동안 납입할 것인지 20년 동안 납입할 것인지를 선택할 수 있다.

그런데 암 보험은 각 보험사들마다 가입 조건이 달라 보장 담보를 중심으로는 비교가 불가능하다. 따라서 납입 기간, 만기환급금 여부, 종신 보장 등이 비슷한 보험을 묶어 비교해야 한다. 그다음으로 앞서 강조했던 담보를 비슷하게 설정하고 보험료를 비교하면 가성비를 파악할 수 있다.

암보험을 판매하고 있는 보험사들은(대형사를 중심으로) 15년 만기 상품을 판매했다. 15년마다 갱신되는 상품이다. S생보, K생보, SH생보가 만기가 같은 암보험을 판매하고 있다. 만기가 15년으로 동일 설정하고 일반암 보장을 3천만 원으로 맞췄다.

40세 남성이 보장받는 조건으로 비교하면 보험료는 순수보장형 중에서는 S생보의 월 보험료가 1만 6,650원으로 가장 저렴했으나

주요 생보사 암보험(갱신형) 보험료 비교

(기준: 남자 40세, 15년 만기, 전기납, 월납)

구분		S생보		K생보	SH생보	
상품명		암만봐도 암보험 (순수형)	암만봐도 암보험 (만기지급형)	K생보 암보험	SH프리미어 암보험 (순수형)	SH생보 프리미어 암보험 (만기지급형)
고액암	뼈암, 뇌암, 혈액암 등	3천만 원	3천만 원	6천만 원	6천만 원	6천만 원
주보험	일반암	3천만 원	3천만 원	3천만 원	3천만 원	3천만 원
남녀생식기암	유방암 (자궁암)	1,200만 원	1,200만 원	1,200만 원	1,200만 원	1,200만 원
	전립선암	6백만 원	6백만 원	6백만 원	6백만 원	6백만 원
소액암	경계성종양, 갑상선암	360만 원	360만 원	360만 원	3백만 원	3백만 원
	제자리암, 비침습방광암, 기타피부암, 대장점막내암	180만 원	180만 원	180만 원	3백만 원	3백만 원
암사망		3천만 원	3천만 원	3천만 원	3천만 원	3천만 원
월납 보험료(원)		16,650	27,900	32,370	17,010	23,690
총 납입보험료(원)		2,997,000	5,022,000	5,826,600	3,061,800	4,264,200
만기환급금(원)			1,500,000	3,000,000	–	1,500,000
총 납입보험료-만기환급금(원)		2,997,000	3,522,000	2,826,600	3,061,800	2,764,200

※출처: 2016년 2월 각사 홈페이지 참조

SH생보보다 고액암은 3천만 원, 소액암은 120만 원 보장금액이 적었다.

15년 동안 납입해야 하는 총 보험료는 가장 저렴한 S생보 순수보장형이 약 3백만 원, 가장 비싼 K생보 만기지급형이 583만 원으로 283만 원의 차이가 발생했다. 그러나 K생보의 만기지급금인 3백만 원을 제외하면 오히려 K생보의 보험료가 더 저렴했다. 즉 K

생보는 S생보 순수보장형보다 총 보험료가 283만 원 비싸지만 만기 시점인 15년 후에 3백만 원을 찾아 건강진단자금 등으로 활용할 수 있다.

S생보와 K생보의 암보험 비교와 비슷한 방법으로 살펴보면 SH생보의 만기지급형의 총 납입보험료에 만기환급금을 뺀 실제로 지급한 보험료는 277만 원 수준으로 가장 저렴했다. S생보 만기지급형과 비교하면 SH생보가 약 75만 원 저렴하다는 의미다. 요컨대 만기지급형은 S생보 대비 K생보와 SH생보 모두 실제 납입한 보험료가 저렴하며, 심지어 SH생보는 고액암과 소액암 보장금액도 많다는 점을 파악할 수 있다. 따라서 15년 동안 보장받고 갱신하는 암보험에 가입할 생각이라면 SH생보의 상품을 선택하는 게 가장 현명하다.

참고로 조금 더 살펴보면, 각사는 암보험 손해율 관리를 위해 암진단보험금과 동일한 암사망보험금을 의무적으로 가입하도록 했으며 기납입보험료를 돌려주는 만기환급형보다는 일정 금액을 보상하는 만기지급형으로 설계했다. 또한 S생보는 K생보나 SH생보보다 만기지급형의 보험 적립금에 조금 더 많은 사업비가 붙는다는 점도 간접적으로 확인할 수 있다.

총 납입보험료에 만기환급금을 뺀 금액이 실제 보장을 받기 위한 금액이라고 할 때 SH생보 만기지급형 상품이 합리적이다. 하지만 조기 해지하면 순수보장형 상품보다 만기환급금이 큰 상품의 손실이 더 크다. 따라서 중도 해지하지 않는다는 가정에서는 SH생보 상품이 좋지만, 만약 해지할 경우에는 만기환급금이 없는 S생보 순수보장형 상품이 좋을 수 있다.

비갱신형으로 80세까지 보장하며 납입한 원금을 100% 돌려주는 암보험은 M생보와 AI생보가 판매하고 있다. 40세가 가입한다 가정하고 일반암 5천만 원, 고액암 1억 원을 보장받는다는 조건으로 가성비를 비교했다.

매월 납입하는 보험료는 M생보의 경우 남성 16만 3,700원, 여성 10만 2,600원이었고 AI생보의 경우 남성 20만 4,050원, 여성 14만 4,400원이었다. M생보 암보험의 월 납입 보험료가 남성과 여성 각각 약 4만 원 저렴했다.

보험은 장기 상품이다. 20년 동안 납입하는 조건이기 때문에 보험료 차액을 20년 동안 납입해야 한다. 따라서 부부가 함께 암보험에 가입한다면 총 납입보험료는 준중형차 한 대를 구입할 수 있을 정도로 벌어진다. M생보의 암보험이 남성 약 1천만 원, 여성 약 1천만 원 저렴해 비슷한 보장임에도 총 2천만 원 정도의 보험료를 아낄 수 있다.

보장 내용이 상이한 부분도 있다. 유방암의 경우 M생보는 1,250만 원을 보장하는 반면 AI생보는 2천만 원을 보장, 유방암 노출 시 750만 원의 보험금을 더 받을 수 있다. 전립선암은 M생보의 경우 1,250만 원으로 AI생보보다 보장금액이 250만 원 더 많았다. 또한 M생보는 대장암을 일반암으로 구분해 5천만 원을 보장하는 반면, AI생보는 대장암 보장 조건이 유방암과 같은 2천만 원이었다.

100%만기환급형 암보험 보험료 비교

(기준: 남자 40세, 표준체, 일반암 5천만 원, 20년 납, 월납)

보험사		M생보	AI생보
상품명		예방하자 암보험 무배당1601(비갱신형)	무배당 뉴원스톱 암보험 1형 2종
보험 기간		100세 만기	80세 만기
가입금액		5천만 원	500구좌
고액암	뼈암, 뇌암, 혈액암 등	1억 원	1억 원
일반암		5천만 원	5천만 원
유방암		1,250만 원	2천만 원
전립선암		1,250만 원	1천만 원
소액암		5백만 원	5백만 원
월납 보험료(원)	남	163,700	204,050
	여	102,600	144,400
총 납입보험료(원)	남	39,288,000	48,972,000
	여	24,624,000	34,656,000
평준보험료*(원)	남	54,567	102,025
	여	34,200	72,200

* 평준보험료 = 총 납입보험료 / 보험 기간
※출처: 2016년 2월 각사 홈페이지 참조

부부가 함께 암보험에 가입하면 총 납입보험료 차액이 약 2천만 원 발생한다. 게다가 M생보는 보장 기간이 100세로 AI생보보다 20년 길다. 총 납입보험료를 보험 기간으로 나눠 평준보험료를 계산하면 AI생보보다 M생보 고객은 약 50% 정도 저렴한 보험료로 비슷한 보장을 받는 것이다. 100세 또는 80세에 납입한 총 보험료를 돌려받는다 해도 물가상승으로 인해 가치는 반 토막 이상 날 것이 분명하다. 물가가 매년 2%씩만 오른다고 해도 36년 이후 현재 1천만 원의 가치는 반 토막 나기 때문이다. 40세에 가입해 60년 후인 100세에 만기환급금을 돌려받는다면 그 금액은 현재 가치의 약 20~30% 정도에 불과할 것으로 보인다.

100% 만기환급형 암보험을 가입할 생각이라면 AI생보보다 무조건 M생보 상품에 가입하는 게 유리하다. 상품을 비교해보면 보장금액은 비슷하지만 보험료는 M생보가 더 저렴하며 심지어 보장기간도 더 길기 때문이다.

위의 M생보와 AI생보 상품은 둘 다 설계사를 통해 가입하는 상품이다. 그런데 최근 L생보는 온라인에서 직접 가입 가능한 암보험을 출시했다. 만기는 80세로 순수보장형과 만기환급형 등을 선택할 수 있다.

M생보와 비슷한 구성을 위해 40세 남성이 20년 동안 납입하고 80세까지 보장받는다는 조건으로 상품을 시뮬레이션하면 일반암 4천만 원, 고액암 8천만 원, 대장암 1,600만 원, 유방암·전립선암 8백만 원, 소액암 4백만 원을 보장받는 데 납입하는 보험료는 7만 6천 원에 불과하다.

L생보의 단일 상품 조건에는 없지만 일반암을 기준으로 5천만 원으로 설정하면 월 납입보험료는 9만 7천 원이다. 이는 AI생보의 반도 안 되는 보험료로 비슷한 보장을 받을 수 있다는 의미다. 흡연을 하지 않을 경우 약 9% 보험료가 더 저렴해진다.

만기와 만기환급금 여부가 동일하며 보장 담보가 거의 흡사한 암보험이라 해도 어떤 상품에 가입하느냐에 따라 납입하는 보험료는 2배 차이가 발생한다.

종신암보험 보험료 비교
(기준: 남자 40세, 표준체, 일반암 5천만 원, 20년 납, 월납)

보험사		MT생보	PC생보
상품명		100세PLUS종신암보험	PC생보 매직리본종신암보험
보험 기간		종신	종신
가입 금액		2천만 원	2천만 원
고액암	뼈암, 뇌암, 혈액암 등	4천만 원*	4천만 원
일반암		2천만 원	2천만 원
유방암		6백만 원	1천만 원
전립선암		6백만 원	1천만 원
소액암		2백만 원	2백만 원
암사망		4천만 원	4천만 원
감액지급 기간		1년	2년
월납 보험료(원)	남	88,200	77,400
	여	54,400	49,200
총 납입보험료(원)	남	21,168,000	18,576,000
	여	13,056,000	11,808,000

*고액암은 80세 만기
※출처: 2016년 2월 각사 홈페이지 참조

　같은 디자인, 같은 재질의 똑같은 옷인데 동대문에서 샀느냐 또는 백화점에서 샀느냐에 따라 가격이 천차만별이라는 뉴스를 간혹 접하게 된다. 이런 뉴스에서는 '라벨만 바꿔 판매하는 백화점 브랜드'라며 백화점 브랜드 영업 형태를 고발하기도 한다. 완전히 같은 옷인데 어떤 사람은 10만 원에 구매하고, 어떤 사람은 20만 원에 구매한다는 것을 정상적이라고 보는 사람은 없을 것이다.

　그런데 보험은 이처럼 거의 흡사한 상품인데 가격만 달라도 전혀 문제가 되지 않았다. 그리고 앞으로도 문제화되기 쉽지 않을 것이다. 정말 안타까운 부분이다. 금융 상품에 관심이 많지 않은 사람이라면 이런 비교를 해도 짧은 순간 인지하기가 쉽지 않기 때문이다. 결국 소비자가 가성비를 분석할 줄 알아야 한다.

한 번 가입하면 보험료 인상 없이 평생 보장되는 암보험도 있다. MT생보의 '100세Plus종신암보험'과 PC생보의 '매직리본종신암보험'을 고액암 4천만 원, 일반암 2천만 원, 암사망 4천만 원 등으로 비슷하게 설정하고 비교해보자.

MT생보 보험료는 남성 8만 8,200원, 여성 5만 4,400원이었고, PC생보는 남성 7만 7,400원, 여성 4만 9,200원으로 나타났다.

남성과 여성 모두 PC생보 상품 보험료가 소폭 저렴했다. 그러나 보장 대비 보험료 차이는 소폭에 불과해 두 상품은 보험료보다 보장 내용을 확인하고 가입하는 것이 현명하다.

두 회사 상품의 가장 큰 차이점은 모럴해저드, 즉 도덕적 해이 방지를 위한 감면 기간이다. 가입 후 90일 이내에 암 확진을 받으면 암보험은 무효화되어 보장을 받을 수 없다. 또한 보험사마다 1년 또는 2년의 보장금액 50% 감면 기간이 있다. PC생보는 2년, MT생보는 1년 이내에 암 확진을 받으면 보장금액의 50%만 보장받게 된다.

감면 기간이란 가입자이자 피보험자인 본인이 암에 노출되었을 것으로 짐작하고 암보험에 가입하는 모럴해저드를 방지하기 위해 일정 기간 보험금을 감액 지급하는 기간이다. 자신의 건강을 걸고 보험금을 받으려는 사람은 많지 않지만 아예 없는 것은 아니다. 또

주요 생명보험사 실버암보험 비교

보험사		S생명	I생명	MT생명	DG생명	H생명	그생명	D생명	AL생명	A생명	SH생명	NH생명	M생명	KD생명	DB생명
보장내용 (일반암 2천만 원 기준)	고액암	4천만 원	2천만 원	4천만 원	2천만 원	4천만 원	2천만 원	2천만 원	2천만 원	2천만 원	2천만 원	4천만 원	2천만 원	2천만 원	2천만 원
	일반암	2천만 원	2천만 원	2천만 원	2천만 원	2천만 원	2천만 원	2천만 원	2천만 원	2천만 원	2천만 원	2천만 원	2천만 원	2천만 원	2천만 원
	유방암	8백만 원	4백만 원	6백만 원	4백만 원	4백만 원	4백만 원	8백만 원	4백만 원	8백만 원	8백만 원	6백만 원	5백만 원	4백만 원	4백만 원
	남녀생식기암	4백만 원	4백만 원	6백만 원	4백만 원	4백만 원	4백만 원	4백만 원	4백만 원	4백만 원	4백만 원	6백만 원	5백만 원	4백만 원	4백만 원
	소액암	2백만 원	2백만 원	2백만 원	2백만 원	2백만 원	2백만 원	2백만 원	2백만 원	2백만 원	2백만 원	2백만 원	2백만 원	2백만 원	4백만 원
50% 감면 기간		2년 미만	2년 미만	2년 미만	2년 미만	1년 미만	2년 미만	2년 미만	2년 미만	2년 미만	2년 미만	1년 미만	2년 미만	2년 미만	2년 미만
기입 가능 나이		61~75세	61~75세	61~75세	61~75세	60~75세	61~80세	61~80세	61~80세	40~75세	61~75세	61~75세	61~75세	60~80세	61~80세
최대 할인		6.0%	9.0%	5.0%	5.0%	6.5%	5.0%	7.0%	5.0%	1.0%	5.0%	5.0%	8.0%	7.0%	7.5%
암사망 의무부가 특약		2천만 원	1천만 원			1천 6백만 원									
만기환급금		1백만 원										50만 원			
보험료 (월)	6세 남자	72,600	53,300	65,900	48,840	50,080	45,900	46,700	45,840	55,480	43,200	44,900	39,300	38,900	36,600
	6세 여자	41,400	21,100	29,600	24,000	24,780	28,400	28,200	21,160	13,670	20,900	25,100	22,800	18,800	16,500
비고		자궁암 8백만 원		3대특정암 3천만 원								갱신 기간 5년			·주택연금 수령자 8% 추가 할인 ·소액암 하 선택 가능

*고액암은 뇌암, 골수암, 백혈병 등이며 소액암은 기타피부암, 갑상선암, 대장점막내암, 제자리암, 경계성종양 등 각사마다 차이가 있음
※출처: 2016년 2월 각사 홈페이지 참조

암이라 예측하지 못했는데 이미 암세포가 자라나고 있을 수도 있다. 50% 감면 기간이 짧을수록 보험사 입장에서는 부담이지만 보험소비자에게는 유리하다.

소액의 보험료를 줄일 것인지, 아니면 감액 기간이 짧은 것을 선택할 것인지는 가입자가 판단해야 한다. 암 발병 확률이 낮은 30대라면 감액 기간이 2년이더라도 보험료를 조금이라도 줄일 수 있는 상품이 좋을 수 있고, 반면 40대 후반이라면 감액 기간이 더 중요한 결정 요인이 될 수 있다.

나이가 들수록 암 발병 확률도 높아진다. 때문에 보험사들은 노인들의 암보험 가입을 꺼린다. 반면 소비자들은 나이가 들수록 보험에 가입하고 싶은 마음이 커진다. 보험사들은 61세 이상 노인을 위한 암보험도 판매하고 있다. 다만 노인의 암에 대한 누적 통계가 제한적이기 때문에 현재 보험사에서 판매하고 있는 실버암보험은 보장 내용이 흡사하다. 일부 보험사가 암으로 인한 사망까지 보장한다거나 고액암은 일반암보다 두 배 보장한다는 정도가 차별점이다.

61세가 일반암 기준 2천만 원을 보장받기 위해 실버암보험에 가입한다는 조건으로 가급적 동일하게 비교하면 가성비를 파악할 수 있다. 실버암보험 보험료가 가장 높은 보험사와 가장 낮은 보험사의 보험료 차이는 두 배 이상이었다.

실버암보험은 고혈압이나 당뇨병 유병자도 가입할 수 있다. 다만 고혈압이나 당뇨병이 없으면 보험료가 5% 할인된다. 이외 자녀가 부모님을 위해 해주거나 자동이체 신청, 단체로 계약할 경우 할인되는 보험사도 있다.

일부 보험사는 암에 걸리지 않고 만기를 맞이하면 건강관리 자금 목적의 소액 환급금을 지급하는 곳도 있다. 또한 암이 직접적인 원인으로 사망할 경우 사망보험금을 지급하는 보험사도 있다.

암보험은 일반적인 보험 상품과 달리 담보와 보험료만 비교할 수 없어 가입 기간과 만기환급금 여부 등을 중심으로 비교를 진행했다. 암보험이라는 같은 범주 안에서 상품 특징에 따라 차근차근 비교를 진행해봤으니, 이제 여러분도 보험 비교 방법을 어느 정도 파악했을 것이라 여겨진다.

보험 상품 하나를 잘못 선택하면 비슷한 보장을 받는 데 두 배 이상의 보험료를 지급해야 할 수도 있다는 점도 알았을 것이다. 이처럼 비슷한 보장임에도 보험료 차이가 많이 발생하는 이유는 대부분 사업비 구조에 있다. 사업비가 높은 보험사는 판매조직 규모가 크거나 광고를 많이 하는, 인지도 높은 보험사가 대부분이다.

보통 익숙하지 않은 지방에 여행을 가서 맛집을 찾을 때 손님이 많은가를 살펴본다. 손님이 붐비는 음식점은 맛있을 것이라는 믿음이다. 그러나 모순적이게도 보험 상품은 대부분 사람들이 많이 가입하는 인지도 높은 보험사 상품의 가성비가 떨어진다. 음식점으로 비유하자면 맛없고 비싼 곳이 오히려 손님이 더 많은 셈이다.

심지어 보험은 한 번 가입하면 10년, 20년 등 장기간 보험료를 내야 한다. 총 납입하는 보험료가 수천만 원 또는 억 단위가 넘어갈

수도 있다. 일부 소비자들은 보여주기 위한 심리로 브랜드 상품을 찾는다. 자동차나 의류는 명품 브랜드를 소유하면 주변의 부러움을 산다. 이런 브랜드를 소유함으로써 다른 사람들과 차별성 있는 성공한 사람이라는 인식을 주기도 한다.

그런데 보험은 무형의 상품이다. '본인이 명품 보험사에 가입했다'고 자랑하는 사람은 없다. 그럼에도 높은 인지도 때문에 회사의 안정성 때문에, 앉은 자리에서 수천만 원을 더 지급해야 하는가에 대해선 정말 의문이다.

보장 내용에 따른
3대질병보험 비교하기

앞서 3대질병이 무엇인지, 주요 담보가 무엇인지 설명을 했으니 상품 내용만 간단히 살펴보자. 3대질병보험의 가장 중요 항목은 3대질병의 보장금액이다. 그다음이 보장 기간이다.

이 기준으로 비교할 때 10년 만기 갱신형 상품을 판매하고 있는 NH생보, LI생보, M손보 중에서 가장 보험료가 저렴한 상품은 M손보였다. M손보의 3대질병보험 보험료는 생명보험사의 상품보다 월등히 저렴했다. 게다가 암 보장 범위도 넓었다. 생명보험사 상품들은 유방암이나 전립선암 등 남녀생식기암을 따로 구분한다. M손보는 남녀생식기암도 일반암과 동일 보장해 고액 보장 범위가 더

주요 보험사 3대질병보험 보장 내용 및 보험료 비교
(기준: 남자 40세, 3대질병 3천만 원, 10년 납, 월납)

보험사		M손보	NH생보	LI생보	M손보	HA생보
상품명		3대질병보장 보험	3대질병 보험	집중보장 건강보험	3대질병 보장보험	Top3 건강보험
갱신형 구분		10년 만기 갱신형	10년 만기 갱신형	10년 만기 갱신형	100세 만기 비갱신형	100세 만기 비갱신형
암 진단금	고액암	3천만 원	3천만 원	3천만 원	3천만 원	6천만 원
	일반암	3천만 원	3천만 원	3천만 원	3천만 원	3천만 원
	남녀생식기암	3천만 원	9백만 원	6백만 원	3천만 원	1,200만 원
	소액암	3백만 원	3백만 원	3백만 원	3백만 원	3백만 원
뇌출혈 진단금		3천만 원	3천만 원	3천만 원	3천만 원	6천만 원
급성심근경색증		3천만 원	3천만 원	3천만 원	3천만 원	6천만 원
보장금액 50% 감액 기간		암: 1년 이내 2대질병: 1년 이내	암: 2년 이내 2대질병: 1년 이내	암: 2년 이내 2대질병: 1년 이내	암: 1년 이내 2대질병 : 1년 이내	암: 1년 이내 2대질병: 1년 이내
만기환급률		0%	1백만 원	150만 원	0%	0%
월납 보험료(원)		15,570	28,960	40,650	146,190	244,500
총 납입보험료(원)		1,868,400	3,475,200	4,878,000	17,542,800	29,340,000
실납입보험료*(원)		1,868,400	2,475,200	3,378,000	17,542,800	29,340,000

*총 납입보험료–만기환급금
※출처: 2016년 2월 각사 홈페이지 참조

넓었다.

시중에서 3대질병 보장금액을 3천만 원으로 가입하려면 언더라이팅 관련 문제로 상해사망 담보 2억 원을 추가로 가입해야만 한다. 상해사망 시 2억 원을 보장받는 조건의 보험료는 8,340원으로 이를 포함해도 M손보의 보험료가 가장 저렴한 수준이다.

다만 손해보험사 상품을 선택할 때는 반드시 살펴봐야 하는 것이 있다. 손해보험사 상품은 대부분 적립보험료를 반드시 포함해야 가입이 가능하다. 이 상품도 마찬가지다. 적립보험료를 최소한으로 가입해야 더 낮은 보험료로 더 폭넓은 보장을 받을 수 있다.

LI생보는 암보장 금액을 최소 1천만 원에서 6천만 원까지, 뇌출혈과 급성심근경색증은 2천만 원에서 6천만 원까지 선택할 수 있다. 이를 3천만 원으로 다른 보험사와 동일하게 설정할 때 보험료는 가장 높았다.

3대질병을 보장받기 위해 10년간 내야 하는 총 납입보험료는 M손보, NH생보, LI생보 순이다. 다만 NH생보와 LI생보는 만기에 각각 1백만 원, 150만 원의 환급금을 돌려받는다. 만기에 돌려받을 수 있는 환급금을 감안해 실제 납입하는 보험료는 M손보 186만 8,400원, NH생보 247만 5천 원, LI생보 337만 8천 원 순이다. 다만 만기 이전에 해지하면 만기환급금 중 일부만 받을 수 있다는 점을 주의해야 한다.

100세 만기 비갱신형 상품은 M손보와 HA생보가 판매하고 있다. 100세 만기 비갱신형 상품도 M손보가 저렴했다. 그러나 HA생보가 고액암과 2대질병 보장금액 모두를 M손보 대비 3천만 원 더 높게 보장하고 있다.

월납 보험료는 M손보가 HA생보보다 더 저렴했다. 두 상품 모두 만기환급금이 없는 순수보장형으로 산출했다. 다만 실제 시장에서 가입할 수 있는 상품 조건이 아니다. M손보는 2억 원의 상해사망담보를 포함해야 하며, 상해사망담보 보험료는 1만 6,300원이다. HA생보는 순수보장형을 판매하지 않고 30%환급형 또는 100%페이백형을 판매한다.

M손보 상품으로 2억 원의 상해사망담보를 포함한다고 해도 HA생보보다 저렴한 수준이다. 다만 HA생보의 'Top3건강보험'은 고액암 보장금액이 2배로 높았다. 또 만기환급금 100%형은 페이백 기능을 도입, 보험료 납입 기간이 끝나는 다음 달부터 납입했던 보험료를 동일 기간 동안 동일 금액을 돌려준다. 40세 남성이 10년 동안 보험료를 납입했다면, 50세부터 60세까지 10년 동안 냈던 금액을 고객에게 다시 돌려준다는 것이다. 한 상품으로 건강보험과 연금 상품을 동시에 가입하는 것과 비슷한 효과를 볼 수 있다. 하지만 페이백 기능이 있다고 해도 보험료는 너무 높은 수준이라 가성비는 결코 높지 않다.

은행 적금보다 저축보험이 좋다는 말, 정말일까?

저축을 하기 위해 사람들이 가장 먼저 방문하는 곳은 은행이다. 그런데 은행에서 저축을 찾는 사람에게 권하는 것은 예금이나 적금이 아닌 저축보험인 경우가 많다. 이유는 공시이율이 높아 오랜 기간 저축할 경우에는 은행 예·적금보다 높은 이자를 받을 수 있다는 장점 때문이다. 은행도 예·적금을 판매해 수당을 받는 것보다 저축보험을 판매하고 수수료를 받는 게 더 많이 남는다. 따라서 저축보험에 저축을 권하는 일이 많아지고 있다.

장기 투자가 가능하다면 저축보험이 예·적금보다 유리하다. 다만 만약 조기 해지를 한다면 예·적금에 가입하는 게 유리하다. 사업비를 가입 초기에 집중적으로 차감하는 보험 구조 때문이다. 그렇다면 몇 년을 기점으로 저축보험이 적금보다 좋아질까?

생명보험사의 저축성보험 공시이율은 3.0% 수준인 반면 정기적금은 1.5%에서 1.7% 사이로 형성되어 있다. 저축성보험 적용 이율이 1.5%가량 높다. 또한 적금은 매년 원금에만 이자를 적용하는 연단리로 이자를 책정하는 반면 보험은 이자에도 이자를 책정하는 연복리를 적용한다.

저축성보험과 은행 적금 중 어떤 것이 가입자에게 더 유리한지 시뮬레이션을 해보면 일반적으로 비과세 혜택이 적용되는 10년 기점에 저축보험을 통해 받는 돈이 더 많아진다. 저축성보험의 경우 40세 남성이 10년 만기 상품에 매월 30만 원씩 납입하는 조건을 가정했다. 10년은 보험 비과세 혜택이 적용되는 시점이다. 은행 적금은 2.0% 이율에 1년 만기 적금, 그리고 10년 동안 반복 가입한다고 가정했다. 10년 동안 매월 은행 적금에 30만 원을 저축하면 원금은 3,600만 원이고, 세후 322만 원의 이자가 생겨 총 3,922만 원이 된다.

주요 보험사의 저축성보험 중 10년 만기 시점에 가장 많은 해지환급금을 받을 수 있는 상품은 H생보의 플러스저축보험으로 환급금은 3,950만 원이었으며 S생보 스마트저축보험이 3,847만 원, NH생보의 행복키움NH저축보험이 3,829만 원으로 뒤를 이었다.

저축성보험 가입 조건을 30세로 낮춰 가입해도 만기환급금은 약 2만 원에서 5만 원 정도 높아질 뿐이었다. 가입 연령이 낮아진다 해도 저축성보험이 적금보다 많이 유리해지진 않는다는 것이다.

저축성보험은 상품 구성이 비슷하다. 대부분 만기 이전에 사망하면 월 납입보험료의 600%를 지급한다. 저축성보험에 월 30만 원을 납입하다 만기 이전에 사망하면 30만 원의 600%인 180만 원과 사망 시점까지 쌓인 보험 적립금을 지급한다. 만약 50만 원을 납입하다 사망하면 3백만 원과 사망 당시까지의 보험 적립금을 지급받는다.

다만 각 보험사마다 사망보험금 지급 규모가 조금씩 달라 가입 전에 이 부분을 반드시 확인해야 한다. 사망보험금이 적을수록 위험보험료로 떼는 사업비가 적기 때문에 더 많은 원금이 쌓여 장기 투자를 할수록 유리해진다.

대부분의 생명보험사들이 저축성보험을 판매하고 있지만 10년 만기 전기납을 조건으로 판매한다. 다만 일부 보험사는 납입 기간을 7년 이내로 제한해 판매한다. 납입 기간이 짧으면 그만큼 사업비를 차감하는 기간이 짧고 거치 기간이 길어져 더 많은 금액을 돌려받게 된다.

설계사가 아닌 온라인으로 직접 가입하면 기간이 얼마나 줄어들까? 온라인 저축보험은 2030세대가 주로 가입하는 상품으로, 소액 사망 보장이 중심이기 때문에 보장 내용보다는 해지환급률과 원금 보장 여부를 중심으로 상품을 선택하는 게 현명하다.

주요 생명보험사 저축보험 해지환급금

(기준: 남자 40세, 월납 보험료 30만 원, 10년 만기, 전기납, 월납)

구분	상품	이율	납입원금(원)	1년	3년	5년	7년	9년	10년	비고
						환급금				
은행권 적금	1년 만기 정기적금	2.00%	납입원금(원)	3,600,000	10,800,000	18,000,000	25,200,000	32,400,000	36,000,000	세후 실수령 금액
S생보	스마트저축보험	3.04%		263만 원	956만 원	1,739만 원	2,544만 원	3,400만 원	3,847만 원	사망 시 180만 원 + 적립액
H생보	플러스저축보험	3.10%		268만 원	1,001만 원	1,778만 원	2,606만 원	3,488만 원	3,950만 원	사망 시 180만 원 + 적립액
NH생보	행복키움 NH저축보험	3.00%		261만 원	976만 원	1,732만 원	2,533만 원	3,384만 원	3,829만 원	사망 시 180만 원 + 적립액 + 재해사망 시 360만 원 + 적립액
SH생보	Big플러스 저축보험	3.05%		261만 원	971만 원	1,724만 원	2,526만 원	3,379만 원	3,825만 원	사망 시 180만 원 + 적립액 + 재해사망 시 360만 원 + 적립액
M생보	파워Rich 저축보험	2.83%		259만 원	966만 원	1,712만 원	2,500만 원	3,334만 원	3,769만 원	사망 시 600만 원 + 적립액

※출처: 2016년 2월 각사 홈페이지 참조

설계사를 통해 가입하는 저축보험은 7년 만에 원금 이상의 금액을 마련할 수 있으며, 10년은 지나야 은행보다 더 많은 돈을 받을 수 있다. 반면 온라인 저축보험은 5년 만에 원금을 회복하고 7년 정도 지나면 적금보다 유리해진다. 반면 10년 이상 유지할 때 주어지는 비과세 혜택은 설계사를 통해 가입하는 것과 동일하다.

따라서 단 한 번 가입하고 최소 7년 이상 유지해야 은행 예·적금보다 좋아지는 저축보험에 가입할 때는 가급적 온라인을 통해 가입하는 게 좋다. 실질적으로 자동이체를 걸어놓으면 가입 이후부터는 설계사에게 가입한 것이나 온라인을 통해 직접 가입하는 것이나 차이가 없기 때문이다.

그런데 저축보험이 은행 예적금보다 좋아지는 기간이 결코 짧지 않다. 실제 저축보험의 5년 유지율은 50% 정도에 불과하다. 대부분의 가입자들이 저축인 줄 알고 가입했다가 원금도 못 찾고 해지하는 것이다.

저축보험에 짧게 가입하고 은행 예·적금보다 더 많은 돈을 받을 수 있는 방법이 있다. 심지어 1년 이내에 저축보험이 은행 예금보다 좋아질 수도 있다. 추가 납입을 활용하는 것이 그 첫 번째 방법이다.

상품 사업방법서상 저축성보험의 경우 보험료로 납입한 돈의 두 배를 추가로 납입할 수 있다고 규정하고 있다. 또 추가 납입에 붙는 사업비는 기본 보험료의 절반 이하인 0~3% 정도로 낮다. 따라서 원래 매월 30만 원을 저축보험에 납입할 예정이었다면 10만 원만

기본 보험료로 가입하고 나머지 20만 원은 추가 납입으로 자동이체하면 된다. 이렇게 추가 납입으로 원금까지 도달하는 기간을 대폭 줄일 수 있다.

두 번째로 납입 기간을 짧게 하는 것도 방법이다. 납입 기간이 짧을수록 사업비를 떼는 기간도 짧아지며, 사업비의 절대 규모도 줄어든다. 보험업법에서는 한 번에 납입하는 일시납 저축보험이 아닐 경우 2년 납 이상이 가능하도록 규정했다. 따라서 짧은 납입 기간을 선택해 납입하고 길게 유지하는 게 현명하다. 단, 단기납을 설정할 때는 2억 원 한도의 비과세 해당 유무를 체크해야 한다.

참고로 세법에서 보험 비과세 요건은 5년 이상 납입하고 10년 이상 유지해야 한다. 이 요건을 충족하면 수십 억 원의 보험 차액이 발생해도 비과세가 된다. 그러나 2억 원 이하라면 5년 이상 납입해야 한다는 조건이 빠진다. 2년만 납입해도 10년 이상 유지하면 비과세 요건이 충족된다.

세 번째로 매월 납입하는 것이 아닌 연납 등 선납을 활용하는 방법이다. 연납 등 선납은 보험료를 미리 내는 개념으로 해당월 해당하는 보험료 외의 금액에서 추가로 이자 수익이 발생해 적립금이 증가한다.

추가 납입을 활용하고, 납입 기간을 짧게 하며, 연납 등 선납을 하는 모든 방법이 동원되면 단 1년만 가입해도 예금보다 높은 수익을 주는 저축보험이 완성될 수 있다.

은행에서 가입하는 보험인 방카슈랑스(bancassurance, 은행과 보험

회사가 협력해 제공하는 종합금융서비스) 상품으로 I생보가 한 은행과 제휴 상품을 판매했을 당시 마케팅 전략에서 이런 방법이 동원됐다.

I생보의 저축보험은 추가 납입 수수료가 '1% 또는 10만 원 중 적은 금액'을 적용한 기간이 있다. 추가 납입을 하는 금액이 크면 클수록 추가 납입 수수료가 0%에 가까워진다. 추가 납입을 적극적으로 활용해야 한다. 또 이 상품은 2년납도 가능했으며, 1년에 한 번만 보험료를 납입하면 되는 연납도 됐다.

이런 방법을 모두 동원해 10억 원의 자금을 투자한다 해보자. 10억의 3분의 1인 3억 3,333만 원 정도를 연납 방법으로 가입한다. 그리고 나머지 6억 6,667만 원은 일시에 같은 상품에 추가 납입한다. 1년 후 중도인출로 3억 3,333만 원을 빼자마자 같은 상품에 또다시 추가 납입을 한다.

가입자는 목돈을 한 번만 납입한 셈이지만, 실제적으로 만 1년 시점에 2번 납입을 한 것이 된다. 추가 납입금액은 1년 이내에는 원금의 2배지만, 2년차에 들어서는 원금의 절반이 되는 것이다.

가입자 입장에서는 일시납으로 10억을 한 번에 납입하는 것보다 추가 납입을 통하는 방식이 사업비를 적게 낼 수 있다. 또 납입 기간이 짧은 것과 연납도 사업비 축소에 도움이 된다. 결국 1년 만에 은행 예금이나 적금보다 더 유리한 수익을 얻을 수 있다. 또 길게 유지하면 유지할수록 높은 공시이율 덕분에 은행 예·적금과의 수익률 차이는 벌어진다. 10년 이상 유지하면 비과세 혜택(관련 세법에 해당될 경우)도 받을 수 있다. 하지만 현재 이 상품은 판매되지 않는다. 보험사가 단기간에 자산 규모를 키우기 위해 특별히 판매했던 상품이다.

정리하자면 설계사를 통해 가입하는 저축보험은 10년가량의 기간이 지나야 은행 적금보다 환급금이 많아진다. 그리고 온라인에서 가입하는 저축보험은 7년 정도 시간이 지나야 은행 적금보다 유리해진다.

이 기간을 줄이기 위해 납입 기간을 줄이고 추가 납입과 연납을 모두 동원하면 1년 만에 은행 예금보다도 높은 수익을 낼 수 있다. 1년 정도 유지 후 조기 해지해도 절세 혜택만 없을 뿐 예·적금보다 보험이 유리한 것이다.

연금보험,
20년 환급률은 5% 차이다

연금보험의 구조는 사실 저축보험의 구조와 거의 흡사하다. 저축보험은 소액의 사망보험금과 보험 적립금으로 구성되어 있다. 연금보험도 소액의 사망보험금과 보험 적립금으로 구성되어 있는 것은 동일하다. 다만 저축보험은 해지 시 목돈을 한꺼번에 돌려주며 연금보험은 보험 적립금을 연금으로 계산해 노후에 다시 돌려준다는 점이 다르다. 다시 말해 저축보험에 연금 기능을 넣은 것이 연금보험이라고 해도 과언이 아니다.

주요 생명보험사 공시이율형 연금보험 환급률 비교

(기준: 40세, 월납 보험료 20만 원, 전기납, 월납)

보험사	S생명		ING생명		H생명		K생명		NH생명		HD생명		SH생명		D생명		M생명		KD생명	
상품명	S생명연금보험1.1		프리스타일 연금보험 플러스		My Way 연금보험		꿈을 이어주는 (무)K생명 연금보험		행복열매 NH연금보험		HD라이프 연금보험		라이프 플러스 연금보험		골든라이프 연금보험III		M생명 연금보험		KD 연금보험	
공시이율	2.92%		2.90%		3.04%		2.94%		3.00%		3.07%		2.93%		3.00%		2.83%		3.00%	
	남	여	남	여	남	여	남	여	남	여	남	여	남	여	남	여	남	여	남	여
환급률 5년	92.1%	92.2%	93.4%	93.4%	93.0%	93.0%	91.3%	91.3%	93.1%	93.1%	91.5%	91.5%	87.6%	87.7%	92.8%	92.9%	93.5%	93.6%	94.0%	94.0%
환급률 20년	122.8%	122.9%	124.2%	124.2%	125.3%	125.3%	128.0%	128.0%	125.3%	125.4%	123.8%	123.9%	121.6%	121.9%	125.1%	125.3%	124.1%	124.2%	126.2%	126.2%
추가 납입 수수료	3.0%		1.5%		2.5%		2.5%		2.0%		2.0%		2.0%		2.5%		2.5%		2.5%	
최저보증이율	10년 미만 1.5% 10년 이상 1.0%		10년 이하 1.5% 10년 초과 1.0%		10년 미만 1.5% 10년 이상 1.0%		5년 미만 2.0% 10년 미만 1.5% 10년 이상 1.0%		10년 미만 2.0% 10년 이상 1.25%		5년 미만 2.6% 10년 미만 1.60% 10년 이상 1.0%		10년 미만 2.0% 10년 이상 1.5%		5년 미만 2.0% 10년 미만 1.5% 10년 이상 1.0%		10년 미만 1.5% 10년 이상 1.0%		5년 미만 2.5% 10년 미만 2.0% 10년 이상 1.5%	
최저 납입 기간	3년 납		3년 납		2년 납		3년 납		2년 납		3년 납		5년 납		3년 납		2년 납		2년 납	
납입면제 특약	있음		있음		있음		있음		있음		있음		있음		있음		없음		있음	
비고			최저 월납 보험료 30만 원																	

※출처: 2016년 2월 각사 홈페이지 참조

따라서 연금보험의 경우도 좋은 상품을 찾는 방법은 저축보험을 선택하는 방법과 비슷하다. 즉 공시이율과 사업비 수준을 확인하는 것이다. 소액의 사업비 차이라 해도 연금보험은 초장기 상품이기 때문에 납입보험료가 크고 투자 기간이 길수록 연금액 차이가 많이 벌어진다.

연금보험은 5년 이상 납입하고 10년 이상 유지하면 보험 차액이 전액 비과세된다. 연금보험의 주계약 사업비는 5%에서 10% 정도다. 반면 추가 납입금액은 주계약의 사업비보다 극히 적은 추가 납입수수료만 받는다. 연금보험도 저축성보험에 속하기 때문에 주계약 납입금액의 2배까지 추가로 돈을 더 투자할 수 있다.

또 연금보험은 초장기 상품이기 때문에 최저보증이율도 반드시 확인해야 한다. 최저보증이율이란 아무리 금리가 하락해도 일정 수준 이상의 금리를 보장한다는 의미다. 일반적으로 10년 미만 1.5%, 10년 이상 1.0%의 최저보증이율을 보증하고 있다.

이제 여러분들도 어떤 보험사의 연금보험을 선택해야 할지 설명하지 않아도 파악할 수 있을 것이다. 연금보험은 보험료 적립금을 연금재원으로 쓰기 때문에 환급률이 높은 상품이 유리하다. 환급률은 5% 차이다. 20년 동안 매월 50만 원을 납입한다면 원금만 1억 2천만 원이다. 여기에 이율이 부리된다. 그리고 유지하는 기간 동안 복리로 적립금이 증가한다. 만약 2억 원의 보험 적립금이 있다고 가정하자. 2억 원의 5% 차액은 1천만 원이다. 한 순간 연금 하나 잘 가입하면 1천만 원의 기회비용을 얻게 되는 셈이다.

보험료 차이가
많이 나는 이유

같거나 비슷한 보험 상품이지만 보험료 차이가 많게는 두 배 이상 발생할 수도 있다는 사실을 이제 여러분도 확인했을 것이다. 같은 질병이나 사고를 보장하는 동일한 담보의 상품임에도 이처럼 가격 차이가 많이 발생하는 이유는 무엇일까?

보험사는 예정이율, 예정위험률, 예정사업비 등을 바탕으로 보험료를 산출한다. 그런데 보험료를 산출하는 예정이율과 예정위험률, 예정사업비가 보험사마다 다르다.

예정이율이란 보험사가 가입자에게 받은 보험료로 향후 낼 수 있는 예정수익률이다. 예정수익률에 따라 사전에 받는 보험료를 할인한다. 따라서 저금리 등으로 예정이율이 인하되면 보험료가 인상된다는 기사가 나온다. 이런 예정이율이 각 보험사마다 다르다. 일반적으로 대형 보험사의 예정이율이 중소형 보험사보다 0.25%에서 0.5% 정도 낮다. 또 변액보험의 예정이율보다 공시이율을 부리하는 일반적인 보험의 예정이율도 0.25%에서 0.5% 정도 낮다. 보험은 초장기 상품이기 때문에 0.5% 정도 예정이율이 낮으면 보험료 차액은 10%에서 20% 정도까지 차이가 난다.

보험료를 산출할 때 예정위험률도 들어간다. 예정위험률이란 향후 위험이 발생할 확률이다. 종신보험의 예정위험률은 가입자의 조기 사망 확률이며, 보험은 불특정 다수가 가입하기 때문에 연령대에 따른 사망 통계를 계산할 수 있다. S생보 종신보험 남성 사망률은 20세 0.045%, 40세 0.101%, 60세 0.622%다. 10만 명당 20세에 45명, 40세에 101명, 60세에 622명이 평균적으로 사망한다는 의미다. L생보의 남성 종신보험 사망률은 20세 0.042%, 40세 0.093%, 60세 0.572%다. 10만 명당 20세에 42명, 40세에 93명, 60세에 572명이 사망한다는 통계다.

이처럼 보험사마다 예정위험률을 달리 책정한다. 이와 관련한 보험 용어로 '경험요율'이 있다. 경험요율은 축적된 계약자들의 정보를 기반으로 특정 보험사가 자체적으로 산출한 요율이다. 쉽게 말해 보험사의 경험에 따라 위험률을 책정했다는 의미다. 경험요율은 특정 보험사의 가입자 통계를 기반으로 산출한 그 보험사만의 사고 발생 확률이다.

경험요율에 따라 A보험사와 B보험사의 예정위험률이 다르다. 예정위험률이 다르니 같은 담보라도 보험의 가격, 즉 보험료도 달라진다. 예정위험률도 일반적으로 대형 보험사보다 중소형 보험사가 더 낮게 책정한다. 경험 데이터가 없는 신설사의 경우는 보험개발원이 각 회사의 경험 데이터를 기초로 산출한 참조위험률, 즉 참조요율을 사용한다.

앞에서 보험을 비교하고 현명하게 가입하는 방법을 제안하며 언급했듯이 보험료 차이에 가장 큰 영향을 주는 것은 바로 예정사업비다. 예정이율이나 예정위험률보다 각사의 채널(설계사, 상담원, 온라인)과 경영 전략에 따라 가장 큰 차이가 발생한다. 따라서 지금리 시대에 비용인 예정사업비를 아끼는 것은 무엇보다 중요하다. 임직원에게 급여도 줘야하고 사무실도 마련해야 한다. 또 보험을 판매하기 위한 설계사 조직도 구축해야 하고, 보험을 판매한 설계사들에게 수수료도 지급해야 한다. 또 좋은 보험을 개발하기 위해 연구비가 발생하는 것은 물론 광고도 해야 한다. 이처럼 보험회사를 운영하기 위해서는 신계약 유치를 위한 비용 및 보험 계약 유지 · 관리를 위한 사업비가 발생한다. 가입자에게 보험 사고가 발생해 보험금을 지급하고 계약이 완료될 때까지 향후 어느 정도 사업비가 발생할 것인지 예상한 것이 바로 예정사업비다.

물론 이 예정사업비도 각 보험사마다 달리 책정한다. 광고를 많이 하고 대규모의 설계사 조직을 보유한 보험사일수록 일반적으로 예정사업비가 높다. 예정사업비가 높을수록 보험료도 높을 수밖에 없다.

특히 예정사업비의 경우 어떤 형태로 판매를 했느냐에 따라서도 다르다. 일반적으로 설계사 조직을 유지하기 위한 사업비가 많이 발생한다. 설계사들이 출근하는 지점의 임대료는 물론이며 전화비나 전기료 그리고 설계사에게 모집수수료도 지급해야 한다. 그래서 설계사를 통해 보험을 가입할 때 보험료가 가장 비싼 수준인 것이다.

설계사를 통하는 것이 아닌 전화로 가입하는 보험도 있다. 2000년 초반부터 시작된 다이렉트 자동차보험이 대표적이다. 고객을 직접 찾아가 설득하는 대면채널 설계사보다 전화 가입을 이용하는 조직을 유지하는 데 들어가는 비용이 조금 낮은 것이 일반적이다. 전화만 있으면 서울에서 전화를 걸어 제주도에 있는 고객도 가입시킬 수 있다. 따라서 임대료가 저렴한 곳에 대규모 사무실을 마련할 수 있는 등 지점 유지비를 대폭 절감할 수 있다. 덕분에 대면채널 설계사를 통할 때보다 조금 더 저렴하게 비슷하거나 같은 담보의 보험에 가입할 수 있다. 다만 전화로 가입한다고 해도 전화를 직접 걸어 설명을 하고 가입을 도와주는 상담원이 있다. 이 상담원에게도 모집수수료를 지급해야 한다. 고객을 직접 찾아가는 설계사를 통해 가입하는 보험료가 100%라고 한다면, 전화로 가입하는 상품의 보험료 수준은 대면채널 대비 80%에서 90% 정도다.

다만 일부 보험사의 경우 대면채널과 똑같은 보험료를 책정하기도 하기 때문에 전화로 가입한다고 해도 다시 한 번 따져보는 게 현명하다. 또 참고로 케이블이나 종편, 홈쇼핑 등을 통해 대규모로 광고해 전화 가입을 유도하는 보험사들이 판매하는 상품의 보험료도 결코 낮은 수준이 아니다.

마지막으로 최근 활성화되고 있는 온라인 보험이다. 초기 시스템을 구축하기 위한 비용이 발생하지만, 이후에는 가입·유지·지급이 온라인에서 이뤄지기 때문에 상대적으로 크게 비용이 절감된다. 특히 사업비 비중이 큰 설계사 조직을 유지할 필요가 없으며, 설계사 조직을 운영하기 위해 필요한 본사 조직도 필요 없다. 온라인 마케팅 비용과 시스템을 개선하기 위한 비용 등이 발생할 뿐이다. 따라서 보험료 수준은 대면채널 설계사 대비 70% 내외로 매우 저렴하다.

예정이율, 예정위험률, 예정사업비 등 보험료를 산출하는 데 필요한 것들이 각 보험사마다 다르다. 그런데 보험은 초장기 상품이다. 100세까지 보장받는데 납입하는 기간은 10년이나 20년 등이다. 따라서 예정이율, 예정위험률, 예정사업비가 각각 미세하게 달라도 납입해야 하는 보험료는 매우 큰 차이가 벌어지는 것이다.

요컨대 설계사나 전화, 온라인 등 어떤 채널로 가입했는가에 따라서도 보험료는 달라진다는 것이다. 비슷하거나 똑같은 담보를 보장하는데도 최고 수준의 보험료와 최저 수준의 보험료는 두 배 이상 벌어지기도 한다.

금융 상품이나 서비스 이용 시 발생하는 수수료를 아끼는 재테크법을 '피(fee)테크'라 한다. 절약에 더 무게를 둔 재테크라는 점에서 짠테크라고도 불릴 만하다. 이제 초저금리 시대다. 효과적인 재테크를 위해 금리가 0.1%라도 높은 상품을 찾는 것도 중요하지만, 수수료가 적은 금융 상품을 선택해 실질수익률을 높이는 현명한 선택이 필요한 시점이다.

사람이 한 평생 살기 위해 구입하는 것 중 가장 비싼 것은 주택이며, 두 번째가 자동차라고 흔히 얘기한다. 그러나 틀렸다. 두 번째로 비싼 상품은 대부분 보험이다. 종신보험에 가입한다면 보통 20년 동안 20만 원에서 30만 원 이상을 납입한다. 보험료 원금만 5천만 원에서 7천만 원이다. 7천만 원이면 웬만한 프리미엄 브랜드의 외제차를 구입하고도 남는 돈이다.

7천만 원짜리 상품을 사는데 30% 할인을 받는다고 생각해보자. 할인받는 원금만 2,100만 원이다. 결코 무시할 수 없는 금액이다. 이처럼 고액을 할인받는 데 들어가는 노력은 크지 않다. 이미 이 책의 독자들은 가성비 최고 수준의 보험을 찾아낼 수 있는 눈이 생겼을 것이라 믿는다.

4부

은퇴생활자를 위한
보험 관리법

은퇴생활자를 위한 보험 관리법

은퇴기,
보험 해지가 과연 답일까?

경기가 침체되면 어김없이 나오는 뉴스가 있다. 바로 보험 해약이 급증하고 있다는 내용의 기사들이다. 최근 한국 경제는 구조적인 문제점 등으로 인해 지속적인 침체의 늪에 빠져 있다. 이런 이유에서인지 근래 들어 보험 해약과 관련된 기사를 그 어느 때보다 많이 접하게 된다.

경기가 침체되면 사람들은 일단 소비를 줄인다. 하지만 소비를 줄이는 데도 한계가 있다. 생존하기 위해 기본적으로 들어가는 비용이 있기 때문이다. 식료품비와 거주비 등이다. 허리띠를 졸라매도 상황이 좋아지지 않으면 은행에서 예금이나 적금 등 저축부터 찾아 쓴다. 그리고 담보대출 등 빚을 내기 시작한다. 빚을 내 생활해도 상황이 나아지지 않으면 보험에 쌓여 있는 적립금에 손을 대기 시작한다. 보험 조기 해지는 손해라는 것은 안다. 상식이다. 그러나 미래의 위험에 대비할 돈이 없다. 지금 당장의 삶이 위협받고 있기 때문이다.

경제는 과거의 사치품이 미래의 필수품으로 자리 잡으면서 항상 성장해왔다. 하지만 성장하는 과정이 늘 순탄한 것만은 아니었다. 좋은 시기도 있었고 침체 기간도 있었다. 그런데 이런 경기의 출렁임이 갈수록 빨라지고 있다. 짧아진 경기 사이클만큼 보험 유지 기간도 짧아지고 있다.

생명보험에 가입한 사람 10명 중 5명은 5년 이내에 해약한다고 한다. 보험의 경우 5년 이내 해약하면 원금도 못 받는다. 최후의 보루인 보험까지 해약할 정도로 생활이 힘들다는 걸 반증하는 것이다.

보험연구원이 밝힌 자료를 보면 지난 2014년 기준으로 61회차(5년) 보험 계약 유지율은 45.9%에 그쳤다. 보험 계약 2건 중 1건이 5년 안에 해지되는 것이다. 연금보험이 47.7%, 종신보험이 45.3%, 변액적립보험이 43.4%를 기록했다. 이들 보험은 주로 납입보험료 규모가 큰 이른바 '비싼 보험'들이다.

종신보험에 40세 남성이 가입금액 1억 원, 20년 납 종신보험에 가입하고 보험료를 월 25만 원씩 납입했다고 가정하자. 2년차에 계약 해지 시 환급률은 약 37%에 불과하다. 6백만 원을 내고도 돌려받는 돈은 220만 원에 불과하다.

연금보험이나 변액적립보험은 종신보험보다 해지환급금이 조금 더 높은 수준이다. 보장성보험보다 저축성보험의 사업비가 일반적

으로 적게 책정되기 때문이다. 하지만 저축성보험도 5년 이내 해지하면 원금에도 미치지 못하는 해지환급금을 받을 수밖에 없다.

은퇴생활자들의 보험 해약도 심각하다. 은퇴를 하게 되면 마땅한 소득원이 없다. 젊은 시절 준비해놓은 자금으로 몇 십 년을 버텨야 한다. 그러나 문제가 발생하면 소득이 없기 때문에 가지고 있던 보험을 해약한다. 그런데 문제는 나이가 많아 한 번 해약한 보험은 다시는 가입하지 못할 확률이 매우 높다라는 점이다.

대부분의 보험은 노후에 소득원이 줄었을 때나 신체가 약해졌을 때를 대비해 가입한다. 그런데 실제 보험 혜택을 받을 시기에는 해지를 하게 되는, 너무도 모순적인 상황이 벌어지고 있는 것이다. 보험은 해지를 피하는 게 가장 현명하지만, 만약의 경우 어쩔 수 없다면 가장 현명하게 해지하는 방법을 알아봐야 한다. 이제부터 그 현명한 해지 방법과 더불어 은퇴를 앞두고 있거나 이미 은퇴를 한 보험소비자의 보험 관리법에 대해 설명하고자 한다.

보험 계약 해지하지 않고 유지하려면

살다 보면 급전이 필요할 때가 있다. 정말 필요해서 보험에 가입했다 해도, 상황 변화에 따라 더는 유지하기가 힘들 수 있다. 이럴 때는 보험료를 내지 않아도 보험이 유지되거나, 보험료 부담을 덜어 내는 방법을 찾기 마련이다.

보험은 일반적으로 2개월 동안 보험료를 내지 않으면 3개월째에 보험 계약 효력이 상실된다. 보험료를 내기 힘들 때 가장 먼저 떠오르는 것은 해약이다. 해약을 하면 더 이상 보험료 부담이 없을 뿐 아니라 환급금도 받을 수 있다.

문제는 보험의 경우 빨리 해지할수록 손해라는 점이다. 사업비 등을 초기에 집중적으로 떼기 때문이다. 아울러 해약 이후 경제 사정이 좋아져 다시 같은 조건으로 가입하려고 해도 보험료 인상, 재가입 심사 등 걸림돌이 발생할 수 있다. 즉 건강이 나빠졌다면 보험에 가입하지 못할 수도 있고 또는 더 비싼 보험료를 내고도 훨씬 열악한 상품에 가입할 수도 있다.

보험을 해약하지 않으면서 보험료 부담을 줄일 수 있는 여러 가지 방법이 있다. 다만 보험사는 굳이 이 방법을 알리지 않는다. 보험사의 입장에서는 오히려 해지하고 재가입하는 것이 더 많은 수익을 창출할 수 있는 방법이기 때문이다. 가입자가 직접 관련 제도를 확인하고 고객센터 등에서 신청해야 한다. 이런 제도를 활용하면 납입해야 하는 보험료 부담은 줄어들지만 그나마 보험 계약은 유지할 수 있다.

'감액제도'는 사고 시 받는 보험금 액수를 줄임으로써 매달 내야 하는 보험료를 줄이는 방식이다. 한 예로 주계약 1억짜리 종신보험에 가입했다면, 이 주계약을 5천만 원으로 줄이면 보험료도 반정도로 줄어들게 된다. 보장 내용을 축소한다는 점에서 '일부 해지'라고 볼 수도 있다. 다만 사업비는 수당 등 초기에 집중적으로 발생하기 때문에 이 제도를 활용하면 그만큼 사업비를 많이 부담한 셈이 된다. 즉 사업비는 1억을 보장받는 만큼 내고 보장은 5천만 원만 받는 셈이다.

'감액완납제도'는 감액제도처럼 보장은 줄이되 보험료는 내지 않는 방식이다. 보장을 줄이고 보험료도 줄이는 방식이다. 즉 현재 시점에서 더 이상 보험료를 내지 않고 동일 보험 기간 동안 보장받기 위해 해약환급금을 기준으로 보장금액을 새롭게 정하는 것이다. 환급금이 많다면 보장받는 보험금은 크게 줄어들지 않지만, 환급금이 많지 않다면 보장도 크게 줄어든다. 따라서 최소한의 보장을 유지하고 싶을 때 활용하는 것이 좋으며, 본래 계약 조건으로 환원하지는 못한다.

'연장정기보험제도'도 있다. 이는 감액완납제도와 상반되는 개념이다. 보험금은 그대로 두는 대신 보장 기간을 줄인다. 이 기능 역시 한 번 신청하면 본래 계약으로 환원할 수 없다. 초기에 사업비를 떼는 것을 감안할 때 보험소비자의 입장에서 사업비를 많이 부담한 셈이 된다. 즉 더 이상 보험료를 내지 않고 해약환금급을 기준으로 동일 보장금액을 보장받기 위한 보험 기간을 새롭게 정하는 것이다. 예를 들면 종신보험에서 현재까지 적립된 해지환급금을 기준으로 동일 보장금액의 정기보험으로 변경하는 것이다. 다만 사업비를 초기에 떼니 결국 이 제도를 활용해 보장 기간을 줄이면 불필요한 사업비를 낸 셈이 된다.

'특약해지제도'도 있다. 보험의 보장 범위는 주계약과 특약으로 나눠진다. 특약을 줄이면 그만큼 보험료도 줄어든다. 감액제도와 비슷하지만, 주계약이 아닌 특약을 줄인다는 점이 다르다. 다만 특약에도 사업비가 있어서, 가입했던 특약을 줄이거나 없애면 그만큼 사업비 부담을 많이 한 셈이 된다.

'납입일시중지(납입유예)제도'도 있다. 납입일시중지제도는 일반적으로 납입중지 기간 동안 보장을 받으면서 보험료를 내지 않아도 된다. 1회 신청당 1년으로 하고, 신청 가능 횟수는 연 단위로 최대 3회 정도까지 신청 가능하다. 물론 보험료 납입 종료도 납입중지 기간만큼 1년 연기된다. 보험료를 납입하는 총 횟수나 기간은 줄어들지 않는다. 그러나 보험이 유지되니 보장을 위한 보장보험료와 사업비는 차감된다. 따라서 해약환급금이 보장보험료와 사업비 부분을 충당할 수 있어야만 가능하다.

'실효 후 부활' 도 있다. 이 방법은 보험사에서 만든 제도가 아니다. 보험은 일반적으로 2개월 보험료를 납입하지 않으면 실효된다. 즉 계약 효력은 상실된다. 그러나 해지하지 않고 그대로 두면 2년 (2016년 4월 1일부터 3년) 이내에는 같은 조건으로 부활시킬 수 있다. 다만 부활시킬 때 연체된 보험료와 그에 따른 이자까지 모두 내야 한다. 즉 올해 1월부터 보험료를 내지 않았다면 올해 3월 보험은 실효된다. 그리고 만일 9월에 보험을 부활시키고자 한다면 1~9월까지의 보험료와 연체료, 이자까지 한꺼번에 내야 한다. 실효 기간 동안 건강이 나빠지면 보험사는 부활 신청을 거절할 수 있다.

'자동대체납입제도' 와 '자동대출납입제도' 도 있다. 자동대체납입제도는 해약환급금을 보험료로 대체하는 것이다. 따라서 환급금 이내에서만 가능하며, 환급금이 없는 순수보장형 상품의 경우 해당되지 않는다. 자동대출납입제도는 해약환급금 이내에서 보험계약대출을 받아 보험료를 낸다. 보험계약대출을 받는 것이기 때문에 대출 이자도 내야 한다. 보험계약대출금이 환급금을 초과하면 보험 계약은 더 이상 유지되지 않는다. 1년 단위로 활용할 수 있으며 1년이 경과되면 재신청해야 한다.

자동대체납입제도와 자동대출납입제도는 매우 비슷하다. '대체' 는 해약환급금 그 자체를 줄여가면서 보험료를 내는 것이며, '대출' 은 해약환급금은 그대로 두고 보험사에서 돈을 빌려서 보험료를 내는 것이다. 일반적으로 자동대체납입은 유니버셜 상품에서 의무 납입 기간 이후 보험료를 내지 않을 때 해약환급금에서 보장 보험료와 사업비를 차감하는 방식이다. 보험계약대출의 이율은 보험에 쌓여 있는 적립금에 부리되는 이율보다 항상 높게 설정된다. 따라서 자동대체납입이 자동대출납입보다 일반적으로 유리하다.

보험 상품은 보험 기간이 장기적이라는 특성 때문에 보험사는 장기 투자를 위해 각종 제도를 두고 있다. 그러나 사업비를 먼저 떼는 보험의 특성상 이런 제도를 사용하면, 보험소비자는 부담하지 않아도 되는 사업비를 부담한 셈이 된다. 결국 해지를 피하고 어쩔수 없이 보험에 대한 부담을 줄여야 하는 상황에서 신청하는 것이 바람직하다.

급전 필요 시 보험 활용법

급전이 필요할 때 이미 납입한 보험료의 해약환급금 내에서 돈을 찾아 쓸 수 있는 방법은 약관대출과 중도인출 두 가지다.

보험약관대출은 까다로운 신용등급 제한이나 대출 수수료, 중도 상환 수수료가 없다. 금융사끼리 정보를 공유하는 대상에 포함되지도 않는다. 이 때문에 차후 다른 금융권에서 대출을 받더라도 한도를 걱정할 필요도 없다. 신용등급에도 전혀 영향을 미치지 않는다는 장점도 있다.

약관대출은 은행의 예금담보대출과 유사한 방법으로 해약환급금을 담보로 돈을 빌려 쓰는 것이며, 보험계약대출금과 이자는 보험 기간 동안 언제든지 상환할 수 있다. 상환하지 않으면 보험금 또는 해지환급금이 발생한 때 보험계약대출 원금과 이자를 차감한다. 다만 은행의 예금담보대출의 가산 금리가 1% 내외인데 반해 보험약관대출의 가산 금리는 일반적으로 1.5% 수준 이상이다. 특히 예전에 고금리로 가입한 확정형 상품의 가산 금리는 3%가 넘는 경우도 있으니 약관대출 시 반드시 가산 금리를 확인해야 한다. 은행 예금이 있다면 예금담보대출부터 받는 것이 유리하다.

중도인출은 보험료 중 일부를 그대로 환매하는 것이다. 약관대출이 담보대출 성격이라면 중도인출은 대출이 아니라 인출이다. 따라서 이자도 없고 갚을 필요도 없다. 다만 인출 금액 및 이자만큼 만기환급금 및 해지환급금이 감소한다는 점을 고려해야 한다. 일반적으로 연 12회까지 해지환급금의 일부 금액이 인출 가능하며, 연 4회까지 인출수수료는 면제된다. 중도인출 후 다시 여유가 생길 경우 추가 납입도 가능하다. 다만 이때 상품마다 조금 차이가 있지만 0%에서 2% 정도의 추가 납입 수수료가 발생한다.

약관대출과 중도인출 중 어느 것이 더 유리할까? 상품이 다르다면 상품 구성을 살펴봐야 한다. 상품마다 금리가 다르기 때문이다. 빌려 쓰는 기간이 1년보다 짧은 1개월 또는 며칠이면 약관대출이 유리하다. 1천만 원을 약관대출하고 약관대출한 상품의 가산 금리가 연 2%, 추가 납입 수수료도 2%라 가정하자. 이 경우 1개월을 약관대출받을 경우 실제 부담해야 하는 금리는 1만 6,700원 수준이다. 그러나 중도인출 후 추가 납입한다면 2%에 해당하는 금리 비용인 20만 원을 고스란히 지불해야 한다.

돈을 써야 하는 기간이 1년이 넘으면 상황은 역전된다. 약관대출에 따른 이자가 계속 증가하기 때문이다. 그러나 대부분의 보험 상품이 약관대출 가산 금리나 추가 납입수수료가 같지 않다. 따라서 급전이 필요할 때 상담 등을 통해 돈을 사용해야 할 기간을 중심으로 향후 갚아야 할 금액을 따져보는 게 현명하다.

종신보험 해지해야 하나, 유지해야 하나

현재 은퇴를 앞두고 있거나 은퇴를 한 사람 중 일부는 종신보험에 가입하고 납입을 완전 종료한 사람도 있다. 더 이상 보험료를 내지 않아도 보험은 사망할 때까지 유지되며, 사망할 경우 유가족들에게 사망보험금이 전달될 것이다. 그런데 일반적인 중산층의 경우 막내 자녀까지 경제적 독립을 하고 나면 사망보험금의 활용도가 매우 낮아진다.

종신보험을 포함한 사망보장보험의 가장 큰 목적은 조기 사망에 따른 위험에서 남아 있는 가족들의 재정적 위험을 방지한다는 것이다. 그런데 막내 자녀까지 경제적 독립을 하게 되면, 부모 중 한 명이 사망한다고 해도 재정적 문제에 큰 영향을 받지 않는다. 남아 있는 배우자의 경우도 사망보험금 활용도가 매우 낮다. 심지어 물가상승률로 인해 시간이 지날수록 고정되어 있는 사망보험금의 실질 가치는 떨어지게 된다.

종신보험 납입을 끝마친 은퇴생활자들 중에 자녀들이 모두 경제적 독립을 이룬 경우라면 굳이 종신보험을 유지해 향후 사망보험금을 수령할 필요가 있는지 의문을 갖게 될 수 있다. 가장의 조기 사망에 따른 유가족의 재정적 안정이라는 목표를 이미 달성했기 때문이다.

이와 같은 사례의 경우 배우자와 상의 후 가급적 종신보험을 해지하거나 연금전환 특약 등의 기능을 활용해 향후 사망보험금 수령이 아닌 생활 자금으로 활용하는 것이 더 유리하다.

종신보험이 우리나라에 처음 소개된 시점은 지난 2000년 초반이다. 이 당시 종신보험은 매우 단순한 구조였다. 종신보험에 추가할 수 있는 특약도 별로 없었으며, 해약환급금을 연금으로 전환할 수 있는 기능도 없었다. 연금전환 기능이 없는 종신보험이라면 과감히 해약하는 게 현명할 수 있다. 종신보험에 쌓여 있는 적립금은 어느 정도 원금과 유사한 수준이 될 것이다.

예를 들어 40세 남성이 2000년에 1억 원의 사망보험금을 보장받기 위해 종신보험에 가입해 매달 30만 원을 10년 동안 납입하고 환급률이 80%라 가정하면 약 2,880만 원의 해약환급금이 쌓여 있을 것이다. 굳이 사망보험금이 필요 없다고 판단했다면 이 자금을 해지환급금으로 수령해 생활 자금으로 활용하는 게 현명한 방법이다.

다만 2000년대 중순부터는 종신보험도 개발 경쟁이 시작되어 여러 가지 서비스 특약이 붙었다. 따라서 해지환급금을 활용해 연금전환할 수 있는 기능도 마련되었다. 만약 연금전환 특약이 있는 종신보험 가입자라면, 연금전환 특약을 신청하는 것도 한 방법이다. 또한 현재는 연금, 의료비 등 필요 자금을 인출해 사용할 수 있는 선지급 종신보험도 개발되어 있으니 상품 선택 시 참고하기 바란다.

만일 충분한 은퇴 자금을 준비하지 못했다면

50대에도 아직 충분한 노후 자금을 마련하지 못했다면 한 번에 목돈을 납입하고 가입한 다음 달부터 바로 연금을 수령할 수도 있는 '일시납즉시연금보험'을 고려하는 것도 현명하다.

일시납즉시연금보험이란 가입 시 한 번에 목돈을 맡긴 후 익월부터 매월 연금을 받을 수 있는 상품이다. 만 45세 이상 가입할 수 있다. 보험사마다 기준이 조금씩 다르지만 최소 1천만 원부터 가입할 수 있다. 저금리 상황에서의 자산운용 부담과 일시에 준비금이 커짐으로써 금리 리스크 증가로 인한 지급여력비율 하락 문제가 발생할 수 있기 때문에 일부 보험사의 경우 10억 원 등 가입 한도를 정해놓은 경우도 있다.

일시납즉시연금보험이 좋은 가장 큰 이유는 한 번 납입하면 거액의 현금성 자산을 보유하고 있는 때와 달리 자산관리에 대한 신경을 거의 쓸 필요가 없다는 점이다. 또한 연금을 받기 위해 십 수 년씩 보험료를 납입해야 하는 연금보험과 달리 다음 달부터 즉시 연금을 수령할 수 있다. 공시이율형 연금보험이나 변액연금보험처럼 공시이율이나 실적배당 등 적립금을 운용하는 방법을 선택할 수 있으며, 상해나 질병 관련 특약도 함께 가입해 노후에 증가할 의료비도 대비할 수 있다.

다만 일시납즉시연금보험 중 가장 꼼꼼히 확인해야 하는 것은 세제 혜택과 관련된 것이다. 변액연금보험 등 저축성보험은 10년 이상 유지할 때 보험 차익에 대해 전액 비과세된다. 그러나 일시납즉시연금보험은 일시에 2억 원 이상을 납입하면 그 초과분에 대해 이자소득세를 부과한다. 즉 1억 원의 일시납즉시연금보험에 가입되어 있다면 추가적으로 1억 원까지만 가입해야 비과세 혜택을 받을 수 있다. 다만 2억 원 한도는 개인마다 정해져 있다. 따라서 일시납즉시연금보험에 4억 원을 투자할 수 있다면 부부가 2억 원씩 나눠서 납입하는 것이 현명하다. 이 경우 총 4억 원 전액에 대해 비과세 혜택이 적용된다.

베이비붐 세대여,
연금 포트폴리오를 재구성하라

연금보험의 가입 목적은 은퇴 후 소득이 급감했을 때를 대비하기 위해서다. 노후에도 젊은 시절처럼 여유로운 삶을 살기 위해 연금보험에 가입한다. 따라서 연금보험에서 연금을 개시하는 시점은 은퇴 이후가 된다.

연금보험 가입자는 연금 개시 시점에 판단해야 할 것이 많다. 연금보험에 가입할 당시에 향후 연금 지급 방식을 선택하지만, 연금 개시 시점에 이를 변경할 수 있다. 연금 개시 시점에 어떤 방식으로 연금을 수령하는 것이 가장 적합한지를 반드시 확인해야 한다.

일반적으로 연금보험에 가입하는 시기는 30대 초반에서 40대 중반이다. 반면 연금을 개시하는 시점은 퇴직 시점인 50대 후반에서 60대다. 약 30년 정도 시간이 지났기 때문에 가입 당시 선택했던 연금 지급 방식이 현실에 맞지 않을 수 있다. 생명보험사에서 연금을 지급하는 방식은 크게 세 가지로 구분된다. 확정연금형, 종신연금형, 상속연금형이다.

확정연금형은 가입자가 정한 일정한 기간 동안만 연금을 지급한다. 연금 개시 시점부터 10년, 20년, 30년 또는 80세, 90세, 100세 등을 선택할 수 있다. 같은 연금적립액을 어느 정도 기간까지 확정적으로 나눠 지급하느냐를 결정하기 때문에 연금 받는 기간이 짧을수록 연금액은 많아진다. 예컨대 확정 지급 기간이 30년보다 10

년이 더 많은 연금액을 받게 되는 식이다.

일반적으로 확정연금형은 개인 연금 이외에 생활 자금을 충분히 마련할 수 있는 가입자가 선택한다. 평생 소득을 창출할 수 있는 가입자가 일정 기간에 더 풍족한 노후를 보내기 위해 선택한다.

종신연금형은 평생 연금을 받는 방식이다. 종신연금형도 10년 보증형, 20년 보증형, 30년 보증형 또는 80세 보증형, 90세 보증형, 100세 보증형 등을 선택할 수 있다. 60세에 10년 보증 종신연금형을 선택했을 경우 연금 개시 시점부터 10년은 무조건 연금을 지급한다. 예를들면 연금을 개시하고 65세에 사망하면, 70세까지 남은 5년 동안의 나머지 연금적립금을 모두 유가족에게 지급한다. 반면 70세 이후까지 생존하면 보증 기간 10년(70세까지)뿐 아니라 사망할 때까지 연금액을 지속적으로 지급한다.

즉 10년 보증 종신연금형은 10년 동안은 무조건 연금을 보장하며, 이후 생존할 경우에도 계속 연금을 제공한다. 물론 30년 보증 종신연금형이 10년 보증 종신연금형보다 연금액이 소폭 적다. 생존과 관계없이 연금을 무조건 지급하는 보증 기간이 길면 길수록 평균적으로 고객에게 지급되는 연금은 줄어드는 것이다. 지급해야 할 기간이 길면 길수록 평균적으로 더 많은 연금을 지급하는 셈이기 때문이다.

종신연금형은 생존에 관계없이 지급되는 확정연금형보다는 기간에 따른 연금액이 적다. 예를 들어 남성 가입자가 60세에 연금을 개시할 경우 10년 확정연금형의 연금액이 1백만 원이라면, 10년 보증 종신연금형의 연금액은 40만 원가량이다.

10년 확정연금형보다 10년 보증 종신연금형의 연금액이 적은 이유는 보험사가 책정한 평균수명에 따라 연금액이 결정되기 때문이다. 10년 확정연금형은 확정된 기간인 딱 10년만 지급하면 된다. 그러나 10년 보증 종신연금형은 무조건 10년은 지급해야 하고, 이후에는 생존할 때까지 무조건 지급해야 한다. 보험사 입장에서는 10년 확정연금형보다 10년 보증 종신연금형이 더 오랜 기간 연금을 지급해야 하기 때문에 연금액을 줄일 수밖에 없는 구조다.

연금적립금이 1억 원이라고 했을 때 60세 남성이 종신연금형을 신청하면 10년 보증 종신연금형이나 30년 보증 종신연금형이나 실질적으로 받는 연금액은 거의 차이가 발생하지 않는다. 실제 매월 연금의 차액은 약 5만 원 내외에 불과하다.

연금 개시 시점에 자신의 건강 상태를 판단하고 건강에 자신이 있다면 일반적으로 조금이라도 더 많은 연금을 받기 위해 10년 보증 종신연금형을 선택하는 게 유리하다. 30년 보증 종신연금형에 비해 매월 5만 원씩 20년 동안 연금을 더 받는다 하면 총 수령액은 1,200만 원이 더 발생한다.

반면 건강에 자신이 없다면 30년 보증 종신연금형이나 100세 보증 종신연금형을 선택하는 게 현명하다. 60세에 연금 개시를 한다고 해도 90세 또는 100세 시점 이전에 사망하면 남은 연금액을 유가족에게 상속할 수 있기 때문이다.

상속연금형의 경우 연금 개시 시점의 적립액인 원금은 그대로 놔둔 채 이자 등 적립금에서 발생하는 수익만 연금으로 받는다. 원금을 그대로 놔두기 때문에 연금적립금이 많은 자산가들이 주로 선택하는 연금 지급 방식이다. 즉 연금은 적립금에서 발생되는 이자만 지급하며 연금의 원본은 가입자가 사망 시 유가족에게 지급, 상속 재원 등으로 활용된다.

따라서 자신의 가족력 등을 참고해 건강에 자신이 있어 긴 노후를 보내야 하는 고객은 보증 기간이 짧은 종신연금을 선택하고, 은퇴 후 국민연금 개시 기간까지 집중적인 노후 보장을 원하는 고객은 10년, 20년 확정연금형을 선택하고, 또 상속을 원하는 고객은 상속형을 선택하면 된다. 각 개인별 국민연금, 퇴직연금 등을 감안한 노후 보장 플랜 수립 후 연금 포트폴리오를 구성하는 것이 중요하다.

연금보험 가입자는 연금 개시 시점에 반드시 주의해야 할 점이 있다. 일단 연금을 개시하게 되면 연금 지급 방식을 변경할 수 없다는 점이다. 따라서 연금 개시 전에 어떤 지급 방식이 가장 맞는지 신중히 결정해야 한다.

특히 소득 공백이 발생하는 은퇴 이후 국민연금을 받기 전까지 소득이 전무한 시기를 대비해야 한다. 현재 1952년생까지는 60세에 국민연금을 받게 된다. 그러나 1953년생부터 1956년생은 61세, 1957년생부터 1960년생은 62세, 1961년생부터 1964년생은 63세, 1965년생부터 1968년생은 64세, 1969년생 이후는 65세에 국민연금을 수급할 수 있게 된다. 연금 재원의 고갈을 막기 위해 연금 지급 시기를 조금씩 늦추는 것이다.

1970년생이 60세에 은퇴를 한다면, 국민연금을 수령하기까지 약 5년 동안은 소득이 없거나 매우 적은 수준이 된다. 이 시기에 연금보험을 활용해 연금액을 늘려야 하나, 연금 개시를 하게 되면 연금액을 변경하기가 매우 까다롭다.

따라서 이런 경우에는 연금을 개시하지 않고 그냥 자동중도인출을 신청하는 게 현명하다. 자동중도인출이란 연금보험의 적립금 한도에서 매월 정해진 통장으로 일정 금액을 입금하는 기능이다. 1970년생이 60세에 은퇴해 소득이 불충분할 때 보유한 연금보험으로 자동중도인출을 신청하면 이 기능을 해지할 때까지 매월 정해진 금액이 통장으로 입금된다.

다만 자동중도인출은 연금 재원으로 활용할 연금보험 적립금의 자금에서 일부를 찾아 쓰는 것이다. 연금보험 적립금이 1억 원이고, 매월 50만 원씩 찾아 쓴다면 5년 후에는 3천만 원을 쓴 셈이다. 이 경우 적립금은 7천만 원 정도만 남아 있게 된다. 향후 연금 개시를 하면 7천만 원을 재원으로 연금액이 결정된다.

또한 연금 지급 연기를 신청할 수 있다. 가입자는 연금 개시 전 보험 기간에 일정 기간(최장 5년)의 연금 지급 연기가 가능하다. 물론 연금 지급 기간의 연기를 신청한 경우 연금 지급 기간 동안 적립액이 부리되며, 연금액은 연금 지급 연기 기간이 지난 시점의 피보험자 나이를 기준으로 재계산한다.

연금보험으로 상속 및 증여세
짠테크하는 법

보험은 여러 가지 절세 혜택이 있다. 가장 많이 알려진 것이 저축성 보험에 가입하고 10년 이상 유지하면 보험 발생 수익이 전액 비과세가 된다는 것이다. 또 보장성보험도 연 1백만 원 한도에서 소득공제 혜택이 주어진다. 연금저축보험은 연 4백만 원 한도에서 최대 16.5% 세액공제가 된다. 그런데 연금보험으로 상속이나 증여를 할 경우 절세할 수 있는 방법이 또 있다.

앞서 연금보험은 연금개시 시점에 확정연금형, 종신연금형, 상속연금형을 선택할 수 있다고 설명했다. 이 중 어떤 방식이든 간에 연금을 수령하다가 사망할 경우 유가족에게 지급해야 할 연금액이 남아 있다면 절세가 가능하다. 유가족은 남아 있는 연금액 수령 방법을 결정할 수 있고, 이때 일시에 연금을 받는 것이 아닌 장기간에 받는 방법도 선택할 수 있다. 다만 일시가 아닌 장기로 남은 연금액을 수령할 때는 대폭 절세가 가능하다. 바로 연금보험의 정기금 할인율이 물가상승률보다 높은 수준이기 때문이다.

연금보험의 정기금 할인율이란 향후 받을 수 있는 정기적인 연금을 현재 가치로 할인하는 이율을 말한다. 연금보험 가입자인 부모가 100세 보증 종신형 연금에 가입하고 매월 1백만 원씩 연금을 받다 70세에 사망했다. 이 경우 보험사는 30년 동안 매월 1백만 원, 총 3억 6천만 원을 유가족에게 지급해야 한다. 그런데 이 연금은 아직 받지 않은 미래의 현금 흐름이다. 이를 현재 가치로 계산할 때 적용하는 이율이 바로 정기금 평가 이율이다.

한 65세 가입자의 연금보험에 쌓여 있는 적립금이 약 13억 6,700만 원이라 해보자. 가입자가 일시에 적립금을 자녀에게 주면 증여세는 약 3억 8,700만 원이 발생한다. 그러나 확정연금형으로 수령할 경우 10년 동안 받으면 증여세는 3억 2천만 원으로 약 6,700만 원 줄어든다. 또 100세 확정형으로 35년 동안 수령한다면 증여세는 2억 6천만 원으로 1억 2,700만 원가량 감소한다.

일반적으로 연금보험을 활용해 증여세를 줄이는 방법은 일시금으로 증여하는 것보다 연금을 통한 증여가 증여세를 줄일 수 있는 방법이며, 또 정기금 할인율을 최대한 활용하기 위해 연금 수령 기간을 길게 가져가는 것이 좋다. 연금 수령 기간이 길수록 절세 효과도 높아지기 때문이다. 이처럼 연금보험을 활용해 증여세를 줄일 수 있다. 증여 아닌 상속세라고 해도 마찬가지다. 증여세나 상속세는 세금을 계산하는 방법이 거의 동일하기 때문이다.

다만 안타까운 점이 있다. 2016년 4월부터 정기금 할인율이 현재의 6.5%에서 반토막 수준인 3.5%로 낮아지기 때문이다. 정기금 할인율은 기획재정부 장관이 정한다. 지난 2010년 11월 6.5%를 적용한 이후 5년 4개월 만인 2016년 4월부터 정기금 할인율을 3.5%로 변경해 적용할 방침이다. 2011년보다 기준금리가 낮아진 것이 정기금 평가 이율 인하의 배경이다. 정기금 할인율이 대폭 낮아졌기 때문에 그만큼 증여세나 상속세 절세액도 크게 줄어들게 된다.

그러나 3.5%의 정기금 할인율도 물가상승률 대비 매우 높은 수준인 것은 분명하다. 증여 계획을 잘 세운다면 여전히 20% 이상 증여세를 줄일 수 있다.

이제는 똑똑해야 손해 안 보는
'보험소비자'의 시대

변화가 극심한 금융산업에서 보험은 가장 발전이 늦은 분야였다. 보험산업의 발전이 늦은 이유는 보험산업의 특징을 파악하면 극명하게 알 수 있다.

보험 상품은 금융 상품 중에서도 가장 만기가 길다. 장기 투자를 강조하는 적립식펀드의 경우 길게 투자해야 5년을 넘기지 않는 투자자가 대부분이다. 한 예금 상품에 5년 이상 자금을 묶어놓는 사람은 거의 없다. 그러나 보험은 비과세 요건을 충족시키기 위해 기본적으로 10년 이상을 투자해야 한다. 종신보험이나 연금보험은 만기가 사망할 때까지다. 한 번 가입하면 죽을 때까지 유지해야 한다. 사회 초년생 때 보험에 가입한다면 50년 이상 한 상품을 유지하는 것이다.

이처럼 만기가 길기 때문에 보험은 금융산업 중에서 가장 경기에 덜 영향을 받으며, 그만큼 발전 속도도 다른 금융산업에 비해 더뎠다. 또 하나의 이유는 보험은 철저한 규제산업이라는 점이다. 간혹 신문의 경제면을 보다 보면 적립식펀드 등 투자 상품의 판매액이 1천억 원을 돌파했다는 기사를 접하게 된다. 그만큼 판매가 많이 되었다는 의미다.

그런데 보험 상품은 상품을 출시, 판매하면 대부분 매출이 수조 원 단위다. 한 보험사가 연금보험을 출시, 1만 명에게 20년 동안 50만 원씩을 매월 거둬들였다고 가정하자. 이 경우 보험료 원금만 1조 2천억 원에 달한다. 그런데 대형 보험사의 경우 주력 상품 하나가 거둬드린 보험료가 조 단위가 어렵지 않게 넘어간다. 그 어떤 금융 상품보다 상품 개발이 어려우며, 만약 상품을 잘못 개발할 경우 보험의 상부상조 정신을 가진 가입자 모두에게 피해가 돌아간다.

따라서 금융 당국은 보험산업을 철저히 규제해 향후 있을지 모를 피해를 사전에 차단해왔다. 그러나 이제 보험이 급변할 모양새다. 자동차보험에서부터 시작된 다이렉트보험이 종신보험이나 암보험 등 생명보험산업으로 이어졌다. 보험설계사를 통해야만 가입할 수 있던 방법도 이제 전화 가입뿐 아니라 인터넷을 통해 직접 가입도 가능해졌다.

보험 상품이 나오기 전부터 철저히 규제하던 금융 당국도 이제 사후 통제로 규제 방법을 변경했다. 사전에 규제하니 비슷한 상품만 나와 다양해진 보험소비자의 욕구를 충족시키지 못한다는 비판을 받아들인 것이다.

따라서 향후 보험산업은 급변할 것으로 보인다. 더 다양한 신개념의 상품이 쏟아질 것이 분명하다. 통계의 누적으로 보험료가 산출되는 전통적인 방법에서 생활습관에 따라 개개인 모두 다른 보험료를 내더라도 똑같은 보장을 받는 모습으로 변경될 수도 있다. 많은 사람들이 가입한 보험이기 때문에 보험사는 보험 상품을 여러 산업과 연계해 건강에 대한 노력을 하면 할수록 보험료가 저렴해진다거나 마일리지 형식으로 페이백을 지급하는 개념이 등장할 수도 있다. 전 세계 많은 보험사들이 이미 스마트 시대에 걸맞는 빅데이터, 웨어러블, 핀테크, 사물인터넷 등을 활용해 웰빙이나 건강과 같은 현대인들의 주관심사와 관련한 혜택을 제공하는 등 새로운 접근을 시도하는 중이다. 머지않아 지금까지 경험하지 못한 새로운 보험 시장이 열리게 될 것이다.

하지만 아무리 산업이 급변한다 해도 근본적인 구조까지 바꿀수는 없다. 보험은 철저한 통계산업이다. 많은 사람들에게 보험료를 거둬 일부 사고나 질병이 발생한 사람에게 보험금을 지급한다. 보험료를 산출하는 기본 개념이 바뀔 수는 없는 것이다. 따라서 단순한 구조의 보험의 가성비를 직접 파악할 수 있다면, 본인 스스로는 물론 가족이나 지인들이 같은 보장을 받는 데 더 비싼 보험료를 지급하는 일은 방지할 수 있을 것이다.

보험을 잘 모르는 상태에서 짠테크하면, 보장은 축소되고 삶의 안정성도 망칠 수 있다. 보험에 가입하기 전 반드시 비교를 해보고

꼼꼼히 따져봐야 가입하고 나서 후회하지 않는다. 또한 가입 후에도 그것을 잘 활용해야만 보장을 제대로 받는 것은 물론 세금을 아끼고 유동성 함정에서도 벗어날 수 있다.

그렇다. 바야흐로 제대로 '아는' 고객만이 손해를 보지 않고 혜택을 누리는, 즉 '알면 보험, 모르면 모험'이 되는 보험소비자의 시대가 도래한 것이다.

알면 보험, 모르면 모험

보험으로 짠테크하라

제1판 1쇄 발행 | 2016년 4월 5일
제1판 2쇄 발행 | 2017년 10월 10일

지은이 | 김승동 · 임성기
펴낸이 | 한경준
펴낸곳 | 한국경제신문 한경BP
편집주간 | 전준석
기획 | 유능한
저작권 | 백상아
홍보 | 남영란 · 조아라
마케팅 | 배한일 · 김규형
디자인 | 김홍신

주소 | 서울특별시 중구 청파로 463
기획출판팀 | 02-3604-553~6
영업마케팅팀 | 02-3604-595, 583   FAX | 02-3604-599
H | http://bp.hankyung.com   E | bp@hankyung.com
T | @hankbp   F | www.facebook.com / hankyungbp
등록 | 제 2-315(1967. 5. 15)

ISBN 978-89-475-4087-2   03320

책값은 뒤표지에 있습니다.
잘못 만들어진 책은 구입처에서 바꿔드립니다.